Eingewanderte Wörter

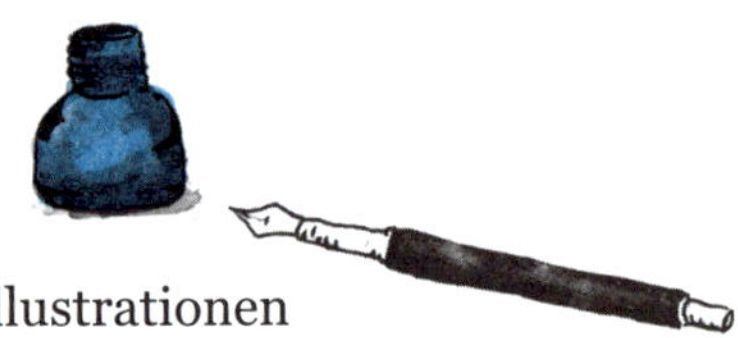

Mit Illustrationen
von Helen Hermens

Matthias Heine

Eingewanderte Wörter

Von Anorak bis Zombie

DUMONT

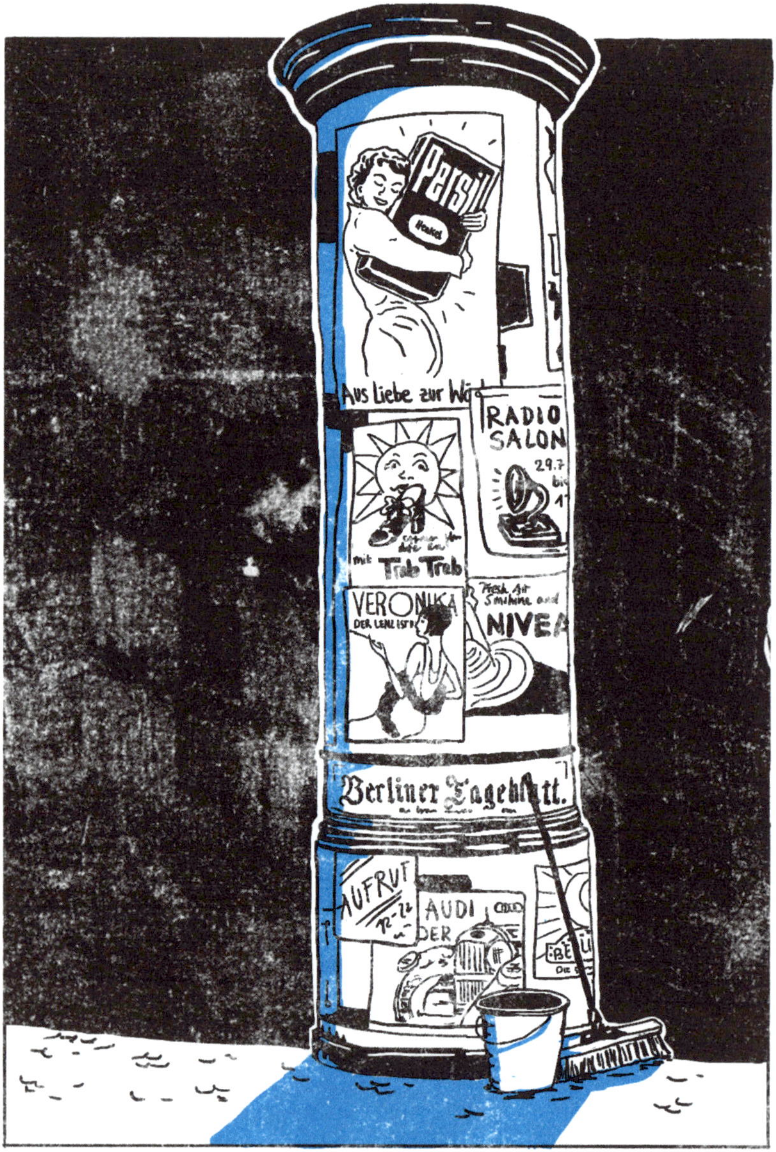
Persil
Henkel
RADIO
SALON
29.7
mit Trab Trab
VERONIKA
Fresh Air
Sunshine and
NIVEA
Berliner Tageblatt.
AUFRUF
AUDI

SLOGAN

Einleitung

Sogar in den multikulturellsten Milieus von Berlin wird man niemals in einer Bar mit einem Engländer, einem Polynesier, einem Maya, einem Assyrer, einem alten Römer, einem Japaner und einem Minnesänger aus der Stauferzeit zusammen an einer Theke stehen. In einem deutschen Satz dagegen ist solche Diversität problemlos möglich. Beispielsweise in dem (zugegebenermaßen etwas konstruierten) Fluch, der aus einem Verriss von Heideggers *Sein und Zeit* in einer Studentenzeitung stammen könnte: »Das Gerede von diesem Clown geht mir total auf den Sack, weil er in einem Orkan von Zusammenhanglosigkeit ohne jedes Tabu Sinn und Grammatik opfert, als wäre er irgendein Bonze oder Gauleiter.« In diesem Satz sind eingewanderte Wörter aus den Sprachen der genannten Völker und Zeiten versteckt. Am einfachsten identifiziert man noch »Clown« als englisches Wort, aber wer weiß schon, dass »Tabu« aus dem Polynesischen, »Sack« aus dem Assyrischen, »Orkan« aus dem Mayathan, »opfern« aus dem Lateinischen und »Bonze« aus dem Japanischen stammt? Und dass »Gau« ein ausgestorbenes Wort war, bevor es um 1800 von nostalgischen Schriftstellern von den Toten erweckt wurde und gewissermaßen als »Zombie« wieder in die deutsche Sprache ›einwandern‹ durfte?

In der deutschen Sprache gibt es viele Migrationshintergründe. Nicht alle sind noch sichtbar. Seit Jahrtausenden vereinnahmen unsere Muttersprache und ihre Vorläufer Wörter ganz unterschiedlicher Herkunft. Der älteste Einwanderer in diesem Buch ist »Erz«, das möglicherweise aus dem Etruskischen ins Germanische übergegangen ist – was dann schon vor mehr als 2 000 Jahren geschehen sein könnte. Ein Zeugnis früher internationaler Handelsbeziehungen.

Vieles, was im Althochdeutschen oder schon zuvor in germanischen Dialekten aus fremden Sprachen übernommen wurde, ist heute gar nicht mehr als Fremdwort erkennbar: Kaum einer ahnt noch, dass »Kreuz« sich aus dem lateinischen *crucis,* dem Genitiv von *crux,* entwickelt hat und dass »Kirche« vom griechischen *kyriké* abstammt. Geläufiger ist hingegen, dass diese beiden genannten antiken Sprachen uns extrem großzügig mit Wörtern beliefert haben. Auch der spätere gewaltige Einfluss des Französischen, aus dem wir sogar im Mittelalter die Verb-Endung *-ieren* importiert haben, und neuerdings des Englischen ist bekannt.

Aber schon beim Italienischen, beim Spanischen und beim Holländischen setzt die Verfinsterung des Wissens ein. Als ich vor ein paar Jahren mal in einem Artikel auf den Einfluss des Arabischen und Türkischen auf unseren Wortschatz hinwies, reagierten manche Leser sogar richtig aggressiv und witterten Islamisierungspropaganda.

Daneben gibt es viele deutlich exotischere Sprachen, die nur ein oder zwei Wörter ins Deutsche eingeschleust haben. Das ist so wenig, dass sie meist nicht einmal im Register einschlägiger Wörterbücher auftauchen. Niemand hat sich bisher die Mühe gemacht, aufzulisten, aus welchen Teilen der Welt wir Wörter bezogen haben.

Dabei ist es doch ungemein interessant, dass wir manche Dinge mit Ausdrücken bezeichnen, die aus dem Nenzischen, aus dem südindischen Kannada, aus dem Hindustani, dem längst ausgestorbenen karibischen Taino oder aus Sprachen der nordamerikanischen Ureinwohner und der australischen Aborigines entlehnt sind. So wie menschliche Migranten aus fernen Weltgegenden, so sind auch die Wörter meist nicht direkt nach Deutschland gekommen, sondern haben auf ihrer Reise diverse Zwischenaufenthalte anderswo eingelegt. Im Verlauf eines jahrhundertelangen ›Sprachen-Hoppings‹ näherten sie sich schließlich dem deutschen Siedlungsgebiet. Dabei hatte sich sehr häufig schon ihre Bedeutung gewandelt und ihre Form und Aussprache unseren Gewohnheiten angenähert. Da der wahre Ursprung sich oft gar nicht zweifelsfrei rekonstruieren lässt, findet man in den Wörterbüchern und der wissenschaftlichen Fachliteratur in vielen Fällen nur den Hinweis, die Wörter seien aus anderen europäischen Sprachen importiert worden, etwa aus dem Englischen, Spanischen, Portugiesischen oder Französischen – übernommen also von Völkern, die in früheren Zeiten weiter in der Welt herumkamen als die Deutschen. Aber man liest wenig darüber, wo all die Konquistadoren, Kolonialisten und Kaufleute, die gewissermaßen als linguistische Zwischenhändler agierten, jene Wörter ursprünglich einmal aufgeschnappt haben.

Allerdings bezieht sich der Titel dieses Buches nicht nur auf Wörter, die eine große geografische Distanz überbrückt haben, sondern auch auf solche, die nur eine Sprachgrenze überwanden. Manche der ›eingewanderten‹ Wörter stammen aus Sprachen, die bereits auf dem heutigen deutschen Staatsgebiet existierten, bevor im Gefolge von Luthers Bibelübersetzung allmählich unsere neuhochdeutsche Standardsprache entstand. Das Jiddische, das Rotwelsche, das Schwyzerdütsch oder das Romani gehören zu diesen gar nicht exotischen Sprachen, aus denen Wörter in unser heutiges Standarddeutsch migriert sind.

Und natürlich sind auch die Dialekte wichtige Zulieferer. Heute neigen wir dazu, Mundarten als »falsches« Deutsch zu betrachten, doch zum Teil handelt es sich richtiggehend um selbstständige Sprachen mit eigener Grammatik. Das Niederdeutsche wäre in einer Alternativgeschichte, in der die Hanse ihre Macht nicht verloren hätte, möglicherweise die deutsche Standardsprache geworden. Stattdessen entstand unser heutiges Deutsch aus der näher mit den oberdeutschen Dialekten verwandten ostmitteldeutschen Mundart, die Luther als Grundlage seiner Bibel-Verdeutschung nahm. Das hielt ihn nicht davon ab, einzelnen Einwanderern aus dem Niederdeutschen Asyl in seinem Sprachkunstwerk zu gewähren – beispielhaft dafür steht in diesem Buch das Wort »Lippe«.

Bevor sich deutsche ›Kolonialisten‹ das Land aneigneten, lebten dort, wo die ostmitteldeutsche Mundart relativ spät entstand, Slawen. Sie wurden mit der Zeit sprachlich assimiliert, gingen meistenteils irgendwann dazu über, Deutsch zu reden. Die letzte anerkannte slawische Minderheit auf deutschem Boden sind die Sorben. Aus deren Sprache ist »Plauze« ins Deutsche und in dieses Buch gelangt. Man hätte auch die »Preiselbeere«, deren Name sorbischen Ursprungs ist, aufnehmen können. Essensbezeichnungen und Tiernamen sind naturgemäß unter den eingewanderten Wörtern sehr stark vertreten. Bei neu entdeckten Nahrungsmitteln und Lebewesen lag es eben besonders nahe, deren Namen gleich aus jenen Weltgegenden mitzubringen, in denen man sie zum ersten Mal gegessen oder gesehen (oder beides) hatte. Extra erschaffene Bezeichnungen konnten sich meist nicht durchsetzen. Versuche wie der »Paradiesapfel« verschwanden bald wieder zugunsten der eigentlich aztekischen »Tomate«; nur in den österreichischen *Paradeisern* lässt sich die ›Paradiesfrucht‹ noch erahnen.

Und so hat sich das Deutsche, dieser linguistische Vielfraß, Wörter aus allen bevölkerten Kontinenten einverleibt. Fast könnte man sagen: Wer Deutsch spricht, spricht auch etwa 120 andere Sprachen – so viele habe ich bei meinen Recherchen gezählt, auch wenn am Ende nicht alle ins Manuskript gelangt sind; manche Begriffe, wie »Tamariske« aus dem Berberischen, der karibische »Kaiman« oder der »Skipetar« aus dem Albanischen, waren dann doch zu peripher (auch wenn Karl-May-Leser bei letzterem widersprechen würden).

Bei der Zuordnung der Wörter zu den jeweiligen Herkunftssprachen habe ich mich nicht immer für die Sprache entschieden, von der aus das Wort vor langer Zeit einmal seine Reise zu uns begonnen hat, sondern zuweilen für diejenige, mit der der entscheidende kulturelle Kontakt zustande kam: Für die Aufnahme von »Clown« oder »Gletscher« in unseren Wortschatz ist nicht entscheidend, dass sie auf lateinische Vorformen zurückgehen. Viel wichtiger war die Begegnung mit der englischen Bühnensprache im 17. Jahrhundert oder der Austausch über Naturphänomene der Hochalpen mit rätoromanischen Bergvölkern. Würde man jedes Wort mit einer lateinischen Wortwurzel dem Lateinischen zuordnen, kämen Hinweise auf das Französische, Italienische oder Spanische in diesem Buch so gut wie gar nicht vor, denn der Großteil des romanischen Wortschatzes geht auf das Lateinische zurück.

Darüber hinaus ist eben viel interessanter, dass auch nicht so berühmte Sprachen uns mit Vokabeln beliefert haben, die heute selbstverständlicher Bestandteil des Deutschen sind. Es ist doch eine hübsche Überraschung, dass »rodeln« aus einer Sprache stammt, die nur noch von wenigen Tausend Menschen in einem Schweizer Kanton gesprochen wird. Und dass »Pastrami« das einzige rumänische Lehnwort in der deutschen Sprache ist, finde ich viel faszinierender als die Tatsache, dass es einen türkischen Vorläufer hat – türkische Wörter gibt es im Deutschen nicht wenige: außer »Dolmetscher« beispielsweise »Kaviar«, »Schabracke« und »Kiosk«, der einst ein Gartenhaus war. Aber der Ort, von dem aus »Pastrami« über Umwege letztlich ins Deutsche gelangt ist, war nun einmal Rumänien.

Dieses Buch nimmt den Leser mit auf Reisen zu den Ursprungsorten der eingewanderten Wörter. Und es lässt sehr oft die Menschen – etwa Wissenschaftler, Literaten, Philosophen oder Politiker – zu Wort kommen, die vor ein paar Jahrhunderten zum ersten Mal in ihren Texten exotische Begriffe ausprobierten, die uns heute meist so deutsch vorkommen wie Mülltrennung, Socken in Sandalen und Autobahnen ohne Tempolimit. Bei näherer Betrachtung wird sehr deutlich: Unsere heimelige Muttersprache ist viel globalisierter, als wir denken.

Abenteuer

Altfranzösisch // Substantiv, Neutrum // Häufigkeit ***

gefahrvolle Situation, riskantes Unternehmen

Das Abenteuer war mal eine Frau. Wolfram von Eschenbach lässt in seinem Epos *Parzival* eine Frau Aventiure als Gesprächspartnerin des Erzählers und dichterische Muse auftreten. Das ist der Grammatik geschuldet: Im Mittelhochdeutschen heißt es *die âventiure*. Denn das altfranzösische Wort, das deutsche Dichter sich ausborgen, um den Inhalt ihrer Versdichtungen zu beschreiben, lautet *aventure* und ist ebenfalls weiblich. Schon in den alten Handschriften des zwischen 1190 und 1210 entstandenen *Nibelungenlieds* wurden die einzelnen Kapitel von den Schreibern als *âventiuren* bezeichnet. Wie im Französischen bedeutet *âventiure* auch im Deutschen zunächst so viel wie »wunderbare Begebenheit« oder »glücklich überstandenes Wagnis« – also im Kern das, worum es in der Ritterepik des Hochmittelalters geht. Neben dem *Parzival* Wolfram von Eschenbachs sind der *Iwein* und der *Erec* des Hartmann von Aue dafür beispielhaft. Im Gegensatz zu heute, wo »Abenteuer« viel lässiger gebraucht und oft sogar abwertend gemeint ist, war eine *âventiure* in der mittelalterlichen Dichtung auch immer eine moralische Prüfung des ritterlichen Helden. Das Wort wird schnell eingedeutscht und falsch verstanden an ähnlich klingende deutsche Begriffe angelehnt, was dann zu Schreibungen wie *âbentür, ebentür, ôbentür* und *ofentür* führt. Noch Barockdichter wie Weckherlin oder Gryphius gebrauchen »Abenteuer« als Femininum; erst dann setzt sich das Neutrum durch. In unseren wohlbehüteten Zeiten hat »Abenteuer« einen negativen Beiklang – besonders in Politik und Wirtschaft. 2019 schrieb die MDR-Website über vermeintliche Annäherungen zwischen AfD und CDU im Magdeburger Landtag: »SPD-Landeschef Burkhard Lischka kommentierte, die CDU Sachsen-Anhalt denke wieder laut über ein politisches Abenteuer nach, das Sachsen-Anhalt nicht bekommen werde.« Seit der frühen Neuzeit kann »Abenteuer« auch eine Liebesaffäre bezeichnen. Goethe wählt es als ironisch-verhüllenden Ausdruck mit Vorliebe da, wo er nähere Angaben vermeiden möchte. Manchmal hebt er geradezu hervor, wie abgeschmackt das einstige Heldenwort im Jahrhundert der galanten Tändelei geworden ist, beispielsweise in einem Brief aus der Schweiz von 1779: »Auch mich hat ein liebes Abenteuer erwartet. Abenteuer? warum brauche ich das alberne Wort, es ist nichts Abenteuerliches in einem sanften Zuge, der Menschen zu Menschen hinzieht.«

Amok

Malaiisch // Substantiv, maskulin // Häufigkeit *

krankhafter Zustand, in dem der Verwirrte wahllos Menschen ermordet

Im Malaiischen bedeutet das Wort *amok* »rasend, wütend, verzweifelt (im Kampf)«. Es taucht 1660 zum ersten Mal in einer deutschsprachigen Reisebeschreibung auf. In Malaysia wurde es aber auch als Warnruf gebraucht, wenn ein Mann, der zu viel Opium geraucht hatte, gewalttätig wurde. Carl Peter Thunberg beschreibt das 1792 in seinem Buch *Reise durch einen Theil von Europa, Afrika und Asien*: »Kommt ein solcher durch Opium rasend gewordner auf die Straße, so wird Amok, Amok geschrien, und jedermann hat das Recht, einen auf diese Art berauschten Menschen, den die Gesetze für vogelfrey erklären, todt zu schlagen.« Diese Beschreibung erklärt auch, warum im Deutschen zunächst die Wendung »Amok über jemanden rufen« geläufig ist. Hundert Jahre später, 1892, schreibt Josef von Lehnert in seinem Buch *Die Seehäfen des Weltverkehrs* über die Waffen der Polizei in Niederländisch-Indien (heute Indonesien): »lange hölzerne Gabeln mit dornigen Zweigen, deren grosse Dorne nach rückwärts stehen und auf diese Weise Fanginstrumente bilden, die gegen Widerspenstige angewendet werden«; sie seien insbesondere wertvoll »gegen die

Amokläufer (orang amok), die in ihrem Laufe alles Lebendige, das ihnen in den Weg kommt, in blindem Fanatismus tödten«. Seit der ersten Hälfte des 20. Jahrhunderts wird »Amok« dann auch übertragen gebraucht, beispielsweise von Stefan Zweig 1922 in seiner Novelle »Der Amokläufer«, wo es heißt: »Eine Stunde im ganzen, nachdem diese Frau in mein Zimmer getreten, hatte ich meine Existenz hinter mich geworfen und rannte Amok ins Leere hinein ...«

Ananas

Guaraní // Substantiv, feminin // Häufigkeit **

Pflanzenart aus der Familie der Bromeliengewächse, insbesondere deren Frucht

Als der legendäre CSU-Vorsitzende Franz Josef Strauß 1968 verkündet: »Was mich angeht, so würde ich lieber Ananas in Alaska züchten als Bundeskanzler sein« (zwölf Jahre später stellt er sich dann doch zur Wahl), ist das ein paradoxes Bonmot, das die Absurdität solcher Vorstellungen andeuten soll. Doch es hat einen wahren Gehalt: Die Ananas kommt tatsächlich ursprünglich aus Amerika, nur – wenig überraschend – aus einer ganz anderen Himmelsrichtung. Dort wurde sie in allen tropischen Gebieten bis hinauf nach Mexiko im Norden vermutlich schon seit 4 000 Jahren als Kulturpflanze, als Nahrungsmittel, Heilmittel und zur Weinherstellung angebaut – für Letzteres eignete sie sich gut aufgrund ihres hohen Zuckergehaltes. 1557 erwähnt der französische Forschungsreisende und Mönch André Thevet die Frucht, die er in Brasilien kennengelernt hat, in seinem Werk *Les singularitez de la France antarctique*. Für die Bezeichnung kommen verschiedene indigene Sprachen infrage. Heute nimmt man an, dass *naná* aus dem Guaraní das Urwort war, aus dem sich unter Zufügung des Artikels *a* und des Plural-s im Portugiesischen das Wort *ananas* entwickelt hat. Guaraní wird heute noch von bis zu fünf Millionen

Menschen in Paraguay sowie in Teilen Argentiniens, Boliviens und Brasiliens gesprochen. Über das Französische kam »Ananas« im 16. Jahrhundert ins Deutsche. Die spanische Bezeichnung für die Frucht lautet dagegen *piña,* woraus sich das englische *pineapple* entwickelt hat.

Anorak

Kalaallisut // Substantiv, maskulin // Häufigkeit **

wind- und regenfeste Jacke mit Kapuze

Der Anorak wurde naturgemäß an einem Ort erfunden, an dem man warme und wasserfeste Bekleidung besonders gut gebrauchen kann – von den indigenen Robbenjägern Grönlands, denen wir auch das Wort verdanken. Das Substantiv »Anorak«, das wir heute unter weit milderen klimatischen Bedingungen für eine regenfeste Kapuzenjacke verwenden, stammt aus dem Kalaallisut. Das ist die wichtigste Varietät der von den Inuit auf Grönland gesprochenen eskimo-aleutischen Sprache. Sie wird auch als »Westgrönländisch« bezeichnet, im Gegensatz zum ostgrönländischen Tunumiit oraasiat. Über das Dänische kommt »Anorak« dann zu uns. In einem deutschen Text liest man das Wort erstmals 1888, als die Wiener *Neue Freie Presse* eine Weihnachtsgeschichte der grönländisch-dänischen Schriftstellerin Signe Rink mit dem Titel »Der dänische Ausflieger« druckt. Die Zeitung erklärt das Wort den Lesern eigens in einer Fußnote: »Anorak, das von den Grönländern getragene, bis an die Hüften reichende Pelzhemd, welches gewöhnlich mit Kattun überzogen oder besetzt ist.« Dort wird auch deutlich, dass der Anorak bei den Grönländern ein durchaus repräsentatives besticktes und mit Perlen verziertes Kleidungsstück war. In der Erzählung fragt ein älterer Däne seine Pflegetochter, eine junge Ureinwohnerin: »Was würdest du zu einem blauen Flanell-Anorak mit blauem Goldband am Saume und dazugehörigem Schopfband sagen?« Mit dem angebotenen prächtigen Kleidungsstück ver-

ANORAK

bindet sich der »Befehl«, einen gleichaltrigen Inuit zu heiraten, den sie heimlich liebt. 1897 wird der Anorak dann in Fridtjof Nansens Bericht *Nacht und Eis* über die norwegische Polarexpedition 1893–96 beschrieben als Kleidungsstück mit einer Kapuze, die nach Eskimoart über das Gesicht gezogen werden kann. Zum Alltagsausdruck wird »Anorak« aber erst in den Fünfzigerjahren des 20. Jahrhunderts, als solche Kleidungsstücke Bestandteil der Jugend- und der Skimode werden.

baggern

Holländisch // Verb // Häufigkeit **

mit einer Maschine Erdreich oder Schlamm ausheben

Ein nicht sehr oft gebrauchtes niederländisches Wort für »Schlamm« ist *bagger*. Das zugehörige Verb *baggern* kam Anfang des 18. Jahrhunderts zunächst ins Niederdeutsche, dann auch in die hochdeutsche Standardsprache. Jacob und Wilhelm Grimm beschreiben die Bedeutung des Begriffs im *Deutschen Wörterbuch* sehr anschaulich: »ein [...] wort für das räumen und reinigen der gräben und kanäle, den schlamm aus dem grunde schöpfen und auswerfen«. Mit dem Anlegen von Kanälen und Entwässerungsrinnen und sonstigen Spezialitäten des Wasser- und Deichbaus kennen sich unsere Nachbarn, deren Land zu Teilen unterhalb des Meeresspiegels liegt, gezwungenermaßen vorbildlich gut aus. Im Deutschen wird dann zum Verb »baggern« das Substantiv »Bagger« neu gebildet. Bei uns bezeichnet es nicht mehr den Dreck, sondern eine Maschine, mit der man baggert. »Anbaggern« in der Bedeutung »flirten, jemandem den Hof machen« kommt in den 1980er-Jahren auf. Ähnlich wie beim gleichbedeutenden »angraben« liegt da offenbar die etwas altertümliche Vorstellung zugrunde, die Frau sei eine Festung, deren Mauern der Mann niederreißen müsse.

Basar/Bazar

Farsi // Substantiv, maskulin // Häufigkeit **

orientalisches Händlerviertel;
wohltätige Verkaufsaktion

Das Wort hat den weiten Weg aus dem Farsi, wie die neupersische Sprache seit dem Mittelalter genannt wird, zu uns zurückgelegt. In Persien bedeutet *bāzār* »Markt, Händlerviertel«. Ab dem 15./16. Jahrhundert gelangt der Ausdruck durch Reiseberichte in europäische Sprachen, darunter schließlich auch ins Deutsche. Adam Olearius schreibt 1647 in seinem Bericht über eine Reise mit einer holsteinischen Gesandtschaft in die persische Stadt Isfahan: »Den 5. Febr. bin ich mit etlichen der vnserigen in einen neben dem Basar oder Marckt gelegenen wolgebaueten Hoff gegangen [...].« Für hiesige Einrichtungen wie Kaufhallen und Warenverkauf für Wohltätigkeitszwecke wird der Begriff erst zu Anfang des 19. Jahrhunderts verwendet. Die Frauenrechtlerin Juliette Hasenclever schreibt 1913 ironisch-bitter über ihre Geschlechtsgenossinnen: »Soziale Pflichten kennen sie auch, oh ja: sie tanzen in jedem Winter auf soundsoviel Bällen zu Wohltätigkeitszwecken, sie verkaufen Blumen, Zigaretten und Sekt an Blumentagen und auf Bazars.« Im 19. Jahrhundert gibt es auch eine deutsche Frauenzeitschrift mit Redaktion in Berlin namens *Bazar*. Offenbar handelte es sich damals um ein für modebewusste Mittel- und Oberschichtfrauen vielversprechendes Wort; auch das 1867 in New York gegründete Magazin *Harper's Bazaar* trägt es im Titel.

BAZAR

Berserker

Altnordisch // Substantiv, maskulin // Häufigkeit *

Mensch ohne Selbstkontrolle und ohne Rücksicht auf sich selbst und andere

Das Wort bedeutete eine Zeit lang genau das Gegenteil seiner Übersetzung. Das altnordische *berserkr* setzt sich nämlich – so lautet eine Theorie – zusammen aus *ber-* (»Bären-«) und *serkr* für »Hemd, ärmelloses Gewand«, bedeutet also wörtlich »Bärenhäuter«. Während ein Bärenhäuter aber lange als jemand galt, der faul auf der Bärenhaut liegt, waren die Berserker, die in der nordischen Literatur seit dem 9. Jahrhundert n. Chr. beschrieben wurden, im Rausch kämpfende Krieger, die keinen Schmerz und keine Angst mehr empfanden, aber auch äußerst schwer zu lenken und zu disziplinieren waren. Schon die römischen Quellen der Kaiserzeit berichten von solchen Kämpfern unter den Germanen, ohne das Wort *berserkr* zu nennen. Eine andere Theorie bezüglich der Etymologie soll nicht verschwiegen werden: Demnach ist die erste Silbe der Zusammensetzung eher mit unserem deutschen Wort »bar« verwandt, was bedeuten könnte, dass die Berserker ›bar eines Hemdes‹, also mit nacktem Oberkörper gekämpft haben. Ins Deutsche gelangt das Wort erst Anfang des 19. Jahrhunderts dank der Germanenbegeisterung um 1800; und rasch wird es von Schriftstellern wie Heinrich Laube oder Heinrich von Treitschke im Meinungskampf polemisch abwertend im Sinne von »halbirrer, wütender Wahnsinniger« gebraucht.

bizarr

Baskisch // Adjektiv // Häufigkeit ***

äußerst seltsam

Die heutige Gesichtsmode mit ihren oft kunstvoll gezwirbelten Hipsterbärten kommt vielen *bizarr* vor. Der Ausdruck ist angemessener, als die meisten wissen. Denn die Spuren des Adjektivs weisen ins haarige Geflecht dunkelster etymologischer Vermutungen, und diese führen ins Baskische, wo *bizar* »Bart« bedeutet. Von dort, so vermuten manche, sei das Wort im Sinne von »männlich, auftrumpfend« ins Spanische gewandert. Die Spanier, die lange Zeit über große Teile Süditaliens herrschten, hätten es dann den Italienern vermacht. Aus dem italienischen *bizarro* für »zornig, launenhaft« sei schließlich das französische *bizarre* geworden, das die Deutschen im 17. Jahrhundert importiert hätten. Und auf diesem langen, verfilzten Weg habe sich dann irgendwann die Bedeutung zu »seltsam, wunderlich« gewandelt. Ziemlich sicher ist, dass bei dieser Sinnesveränderung das französische Adjektiv *bigarré* (»buntscheckig«) auch noch mitgewirkt hat. Möglich ist aber auch, dass der baskische Bart, dem wir das Wort angeblich verdanken, ein falscher ist: Die Mehrzahl der Etymologen lehnt die Basken-Theorie mittlerweile ab und führt das italienische Wort auf das althochdeutsche *baga* für »Streit« zurück – bekanntlich waren die Beziehungen zwischen Deutschland und Italien zu Kaisers Zeiten im Mittelalter sehr eng. Andere halten es für eine Ableitung vom lautmalenden italienischen *bizza*, das »Zornausbruch, Wut« bedeutet.

Bonze

Japanisch // Substantiv, maskulin // Häufigkeit *

Priester; abgehobener Funktionär

Wie »Kotau« ist dies ein politisches Schimpfwort, das aus Asien zu uns gekommen ist – im Gegensatz zu jenem ist aber die ursprüngliche Bedeutung von »Bonze« in Vergessenheit geraten. Es gelangt um 1600 als Bezeichnung für einen buddhistischen Priester ins Deutsche. Wortspender sind die Sprachen der Kolonialmächte, deren Schiffe bis in den Fernen Osten reisen: Englisch und Französisch mit *bonze*, Portugiesisch mit *bonzo*. Zugrunde liegt das gleichbedeutende japanische Wort *bonso*. Der antireligiöse Impuls des Aufklärungszeitalters lässt »Bonze« dann zum Schimpfwort für bigotte Priester jedweder Religion werden. So bei Wieland, aber auch bei Georg Forster, der 1791 über den Großpönitenziar von Antwerpen schreibt, »der so berüchtigte van Eupen« sei »ein Bonze vom gemeinsten Schlage, dessen ganze Superiorität in niedriger Verschmitztheit und heimlichen Ränken besteht«. Und Friedrich Christian Laukhard spricht 1792 von der »hyperorthodoxen Pfalz« und den »dasigen Bonzen«. In der Weimarer Republik wird »Bonze« dann zum Schimpfwort für schmarotzende Parteifunktionäre. Es ist ein Lieblingswort Kurt Tucholskys, der 1922 in einem Gedicht über die Ermordung Walter Rathenaus reimt: »Du hörst die Bonzen der Partein / im Reichstag und im Landtag schrein [...].« Doch auch die Nazis benutzen das Wort gern mit Bezug auf SPD-Politiker und Gewerkschaftsfunktionäre im *Völkischen Beobachter* und anderen Publikationen. Darauf spielt 1931 der Titel von Hans Falladas Roman *Bauern, Bonzen und Bomben* an, in dem der SPD-Bürgermeister allerdings die sympathischste Figur ist. In jüngerer Zeit wurde das Wort auch im Bereich des Sports verwendet: Man las es im Zusammenhang mit dem Fifa-Skandal, als in Zeitungsartikeln von Ermittlungen gegen »Fifa-Bonzen« die Rede war; und gegen reiche Fußballvereine wird gerne der Vorwurf erhoben, sie seien »Bonzen-Clubs«.

Bulette

Französisch // Substantiv, feminin // Häufigkeit *

Frikadelle

Wenn ein Berliner Ausdruck französischen Ursprungs ist, dann neigt man gleich dazu, ihn auf den Einfluss der Hugenotten zurückzuführen – jener etwa 20 000 protestantischen Glaubensflüchtlinge, die nach 1685 aufgrund eines Edikts des Großen Kurfürsten nach Brandenburg kamen. Doch das ist im Falle von »Bulette« eine falsche Fährte. Das Wort für einen gebratenen Fleischklops kam erst im frühen 19. Jahrhundert ins Deutsche, als die Hugenotten schon so gut integriert waren, dass auch ihre Kinder meist zuerst Deutsch lernten und Französisch nur noch so wie eben alle anderen Gebildeten auch. Wahrscheinlicher ist der Einfluss französischer Kochbücher und Köche. 1873 kann die frühfeministische Theoretikerin Hedwig Dohm das Wort schon als bekannt voraussetzen, als sie in ihrem emanzipatorischen Traktat mit dem etwas verwirrenden Titel »Der Jesuitismus im Hausstande« schreibt: »Eine beliebte Mahlzeit an Waschtagen ist: Griessuppe, saure Kartoffeln und Bouletten, zu welchen letzteren die ganze Woche über, zu Nutz und Frommen der Waschfrauen, die Fleischreste gesammelt worden sind.« Im größten Teil des deutschen Sprachgebiets wird »Bulette« zwar verstanden, aktiv wird das Wort aber nur im Nordosten gebraucht. Von Berlin aus hat es sich auch über ganz Brandenburg sowie große Teile Sachsen-Anhalts, Mecklenburg-Vorpommerns und Sachsens ausgebreitet. Im Westen sagt man eher »Frikadelle«, im Südwesten »Fleischküchlein« und im Süden »Fleischpflanzerl«. Nur im äußersten Westen unseres Sprachgebiets gibt es auch ein paar »Bulette«-Sager in Luxemburg und bei der deutschen Minderheit in Belgien. Hier ist es aber auf direkten nachbarschaftlichen Spracheinfluss zurückzuführen. Die Redensart »ran an die Buletten (gehen)« (»etwas ohne Scheu erledigen«) ist seit den 1920er-Jahren nachweisbar. Da steht sie in Paul Poppes Berliner Komödie *Der Herr*

Minister – so wie meist auch später – in Form einer Aufforderung: »Ran an die Buletten!« *Bullette* ist die Verkleinerungsform von *bulle*, das im Altfranzösischen sowohl »Kugel« als auch »Siegelkapsel« bedeuten konnte. Es geht auf die mittellateinische *bulla* für »Blase, Buckel, Siegel, gesiegelte Urkunde« zurück. Ein so niedrigen Sphären zugehöriger Gegenstand wie die Bulette ist sprachlich also verwandt mit der Goldenen Bulle, die seit 1356 die Kaiserwahl im Heiligen Römischen Reich regelte, und etwa mit der Bannandrohungsbulle *Exsurge Domine* (1520) sowie der Bannbulle *Decet Romanum Pontificem*, mit der Martin Luther 1521 von Papst Leo X. exkommuniziert wurde.

Bumerang

Darug // Substantiv, maskulin // Häufigkeit **

gekrümmtes Wurfholz, das bei einem genauen Wurf zum Werfer zurückkehrt

Laut dem *Oxford English Dictionary* soll das Wort aus New South Wales in Südostaustralien stammen. David Collins, damals der oberste Richter der Kolonie, führt 1798 in einer Sammlung von Ausdrücken der Aborigines um Port Jackson (heute der Hafen von Sydney) das Wort *wo-mur-rāng* als »Namen für eine Keule« auf. Auch das Australian National Dictionary Centre siedelt die Urheimat das Wortes in jener Gegend an. Eine Vokabelsammlung aus der Botany Bay, die heute ebenfalls zum Stadtgebiet von Sydney gehört, legt die Annahme nahe, dass es sich um einen Ausdruck aus dem Darug handelt, einer Sprache, deren letzte Sprecher um 1900 starben und der wir auch die Tiernamen »Dingo« und »Koala« verdanken. Obwohl der älteste archäologische Fund im Wyrie-Sumpf darauf hinweist, dass bumerangartige Wurfkeulen schon vor 10 000 Jahren in Australien für Jagd und Kampf gebraucht wurden, waren Bumerangs nicht überall

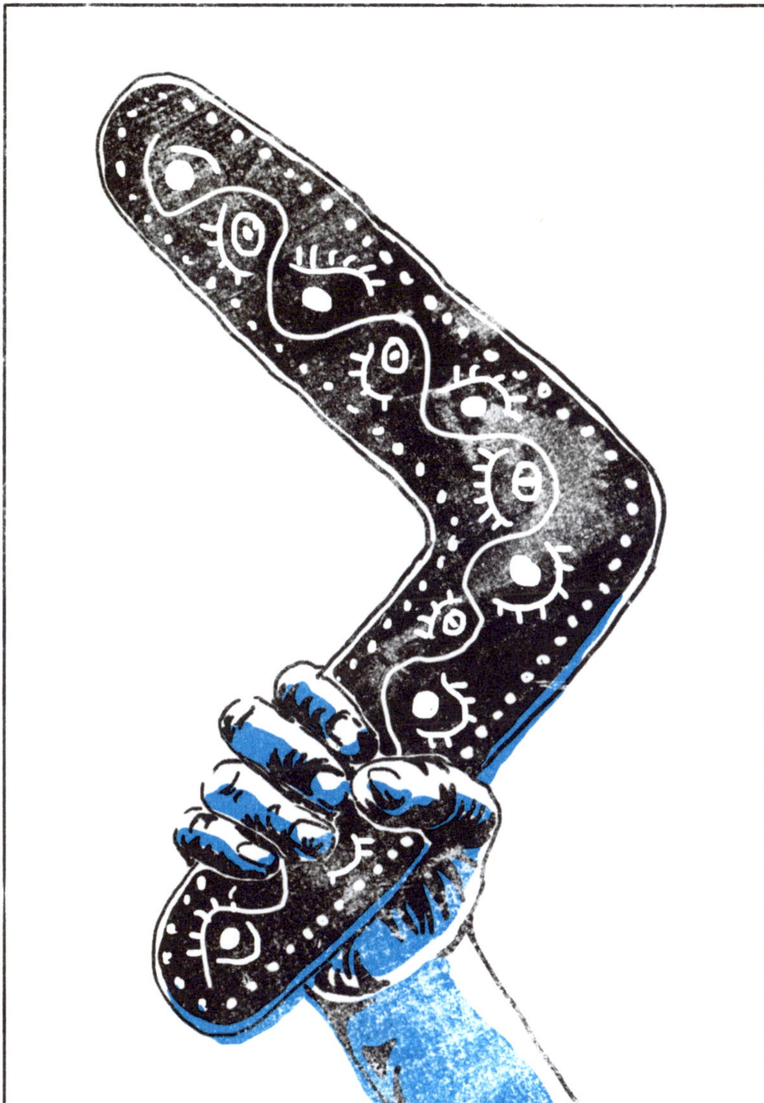

BUMERANG

auf dem Kontinent bekannt. Im Südwesten, in Tasmanien, der nördlichen Kimberley-Region und im Nordosten kannte man sie nicht. Schon 1845 wird *boomerang* im Englischen figürlich im Sinne von »eine Waffe, die dem schadet, der sie benutzt«, gebraucht. Im Deutschen taucht »Bumerang« erstmals 1838 im Band 15 der *Annalen der Physik und Chemie* auf, wo diese »australische Wurfwaffe« beschrieben wird. Obwohl Bumerangs nur zum Werfer zurückkehren, wenn dieser sich sehr geschickt anstellt, bezeichnet »Bumerangeffekt« oder einfach nur »Bumerang« seit den 1970er-Jahren eine unerwünschte Neben- und Rückwirkung einer Handlung. In der Psychologie ist »Bumerangeffekt« ein Fachausdruck dafür, dass bei Beeinflussungsversuchen der Sender der Botschaft das Gegenteil des Gewünschten erreicht.

Bungalow

Hindustani // Substantiv, maskulin // Häufigkeit **

flaches Wohnhaus

Aus der nordindischen Sprache Hindustani haben sich unter dem Einfluss von politischer und religiöser Trennung die beiden wichtigsten heutigen Sprachen Indiens und Pakistans entwickelt: Hindi und Urdu. Deren Sprecher können sich aber mühelos untereinander verständigen. Das Wort, das die Engländer zunächst *bungale* oder *bungelow* schreiben, wird für ein einstöckiges Haus oder ein Sommerhaus im späten 17. Jahrhundert ins Englische übernommen; Erwähnungen bleiben zunächst auf Reiseberichte beschränkt. Das hindustanische Ursprungswort ist *bangla* für »bengalisch« – gemeint war wohl einfach ein typisch bengalisches Haus. Im Deutschen taucht »Bungalow« ab Mitte des 19. Jahrhunderts auf, beispielsweise bei Alfred Brehm, und zwar zunächst immer noch als Ausdruck für etwas Exotisches. Zur Bezeichnung für ein flach gebautes Haus im modernen westlichen Stil wird *bungalow* im Englischen um das Jahr 1900. Ins Deutsche gelangt diese Bedeutung erst mit der amerikanischen Lebensart nach 1945. Deren Inbegriff ist der ignorante weiße Großwildjäger »Bungalow Bill«, den die Beatles 1968 auf ihrem *White Album* besingen.

Clown

Englisch // Substantiv, maskulin // Häufigkeit **

Spaßmacher, vor allem im Zirkus

Horror-Hanswurst? *Grusel-Dummer-August*? Klingt alles nicht so wahnsinnig einschüchternd. Es gab Gründe, warum wir die Idioten, die 2016 in der Woche vor Halloween plötzlich massenhaft Menschen erschreckten oder gar ausraubten, mit dem englischen Wort *clown* bezeichneten und nicht mit den älteren deutschen Ausdrücken, die es verdrängt hatte – »Possenreißer« oder die »lustige Person« aus dem *Faust*-Vorspiel gehören ebenfalls zu diesem Wortfeld. Zwischen Theater und Zirkus wurde in der frühen Neuzeit noch nicht so genau unterschieden, deshalb gab es *clowns* zuerst auf der Bühne. Das englische Wort entwickelte sich vermutlich aus dem lateinischen *colonus* (»Bauer«) und hatte seit Mitte des 16. Jahrhunderts die etwas weitere Bedeutung »Tölpel, plumper Bursche«. Um 1600 taucht es auch im Sinne von »Narr« auf. Beispielsweise heißt es im zweiten Akt des *Hamlet*: »*The clowne shall make them laugh / That are tickled in the lungs*« (August Wilhelm Schlegel übersetzt: »Der Narr soll den lachen machen, der ein kitzliges Zwerchfell hat«). Mit Shakespeares Stücken kommt »Clown« dann im 18. Jahrhundert nach Deutschland. Erst seit dem 19. Jahrhundert bezeichnet es den Spaßmacher im Zirkus. Die Redensart »einen Clown gefrühstückt haben« (»unangemessen und übertrieben witzig sein wollen«) ist seit den 1990er-Jahren nachweisbar.

Curry

Tamil // Substantiv, maskulin oder Neutrum // Häufigkeit **

indisches Ragout mit einer scharfen Soße;
das dazu verwendete Gewürz

Als Bezeichnung für ein Gericht mit einer speziell gewürzten Zubereitung wird das Wort schon Ende des 16. Jahrhunderts ins Englische entlehnt – zunächst nur in der Reiseliteratur. Aber seit dem 18. Jahrhundert werden Currys offenbar auch in England häufiger serviert. 1747 beschreibt schon die Kochbuchautorin Hannah Glasse, wie man ein Curry »*the Indian way*« macht. Der Schriftsteller William Makepeace Thackeray, Autor des Romans *Vanity Fair*, schreibt 1848 einem Bekannten: »*If you can come to dinner, there's a curry.*« Das Wort »Curry« geht zurück auf das tamilische *kari* für »Tunke« oder das im Kannada (einer südindischen Sprache, die wie das Tamil zur drawidischen Sprachfamilie gehört) verwendete *karil*. Um 1800 gelangt das Wort ins Deutsche. Matthias Christian Sprengel erläutert 1795 in seiner *Auswahl der besten ausländischen geographischen und statistischen Nachrichten zur Aufklärung der Völker- und Länderkunde*: »Ein in Ost- und Westindien wohl bekanntes Gericht, welches die Europäer gewöhnlich sehr gern essen und Curry genannt wird, kann nicht ohne Cokosnuß bereitet werden.« Hierzulande bezeichnet man mit der Kurzform »Curry« auch Currypulver, das in Indien genauso unbekannt ist wie das Curryhuhn und die Currywurst.

Datsche

Russisch // Substantiv, feminin // Häufigkeit *

Sommerhaus, Gartenlaube

Ein Beispiel für eines der wenigen wirklich volkstümlichen russischen Lehnwörter im Deutschen, die nicht wie »Troika«, »Intelligenzija«

oder »Apparatschik« dem Politwortschatz angehören. Und einer der seltenen Ausdrücke, die nach dem Ende der DDR aus deren Sonderwortschatz in die gesamtdeutsche Standardsprache gelangt sind und mittlerweile überall verstanden werden – wenn auch die aktive Nutzung meist noch auf den Osten beschränkt bleibt. Das Wort leitet sich aus dem russischen *dáča* für »kleiner Landsitz« her, das wiederum verwandt ist mit dem russischen Verb *dat'* (»geben«) und ursprünglich »Schenkung (des Fürsten)« bedeutete. In deutschen Texten wird es zunächst um 1900 auf Verhältnisse in Russland bezogen. Wolf und Eva von Baudissin berichten 1901 in ihrem Werk *Spemanns goldenes Buch der Sitte* über den Russen, er bevorzuge im Sommer »die ›Datsche‹, das leichtgebaute, meist sehr primitive Landhaus; und für den sehr kalten Winter zieht er noch fast überall das viel wärmere Holzhaus dem Steinbau vor«. Seit den Sechzigerjahren existiert das Wort in der DDR mit der Bedeutung »Wochenendhäuschen«. Christa Wolf schrieb am 1. Mai 1969 an ihre Schriftstellerfreundin Brigitte Reimann über einen gemeinsamen Bekannten: »Voriges Jahr war er gerade am 20. August nachmittags bei mir auf der Datsche in Prieros, ein schöner Nachmittag.«

Dolmetscher

Türkisch // Substantiv, maskulin // Häufigkeit **

berufsmäßiger mündlicher Übersetzer

Früher existierte das Wort auch in der heute selten gewordenen Form »Dolmetsch«, bis sich dann die Variante mit dem für Berufsbezeichnungen und Nomina Agentis üblichen Suffix *-er* durchsetzte. Eine typische Situation schildert Johann Ludwig Gottfried 1631 in seinem Reisebericht *Newe Welt Und Americanische Historien*: »Drauff schickten wir als bald vnser Both / welches mit fünff Negres, vnter welchen einer ein Dolmetsch war / widerumb kehrete / sie bathen man solte

DOLMETSCHER

jhnen Geissel stellen / weil kurtz zuvor ein Frantzösisch Schiff zwen Negres gar geschwind mit sich hinweg geführet hätte.« Das osmanisch-türkische Wort *dilmaç* für einen »Vermittler«, einen Mittelsmann zwischen zwei Parteien, die verschiedene Sprachen sprechen, wurde schon im 13. Jahrhundert als *tolmetze, tolmetsch* und im 14. Jahrhundert als *tolmetzer* ins Mittelhochdeutsche entlehnt. Es kam aber nicht direkt aus dem Türkischen, sondern auf dem Umweg über das Ungarische oder slawische Sprachen, denn die frühesten deutschen Belege stammen aus Obersachsen und Böhmen. Das türkische Wort ist zwar gedeutet worden als Zusammensetzung von *til* (»Zunge, Sprache«) und dem Suffix *-maç*, doch das könnte eine bloße Volksetymologie sein. Möglicherweise geht es zurück auf *talami* (»Mittelsmann«), ein Wort aus dem Hurritischen, der Amtssprache des Mittani-Reiches, das vom 15. bis zum 13. Jahrhundert v. Chr. in Nordsyrien existierte.

Druide

Keltisch // Substantiv, maskulin // Häufigkeit *

keltischer Priester

Das Wort für die mythischen Weisen der alten Gallier und Kelten gelangt auf indirektem Weg ins Deutsche: In der Zeit des Humanismus und des Barock werden nach und nach die auf Griechisch oder Lateinisch verfassten antiken Quellen über die Druiden zur Kenntnis genommen und übersetzt. Bekannt wurde »Druide« vor allem, weil Martin Opitz es 1624 in seiner einflussreichen Stilfibel *Buch von der Deutschen Poeterey* verwendet und schreibt, dass die Franzosen »dreyerley Leute« besonders ehrten: »Bardi, Vates und Druiden«. Heute denken wir bei Druiden vor allem an den Miraculix der *Asterix*-Comics, aber auch Priester neoheidnischer Religionen nennen sich so. Regelmäßig finden große Druidentreffen in der englischen archäologischen Stätte Stonehenge statt, obwohl sie aus der Jungsteinzeit stammt und Kelten damals noch gar nicht existierten (schon gar nicht in England) – also auch keine Druiden. Bestandteil des Wortes ist das keltische *uid* (»weise, klug«), das auf eine indogermanische Wortwurzel zurückgeht, die auch im deutschen »Witz«, im englischen *wit* (»Geist«) und im französischen *savoir* für »wissen« weiterlebt. Der Wortanfang *dru-* kennzeichnete die Druiden entweder als »Eichenweise« (weil Misteln oft auf Eichen wachsen) oder als »sehr weise« oder beides, weil die Eiche als Symbol von Stärke und Macht galt.

Erz

Etruskisch // Substantiv, Neutrum // Häufigkeit **

metallhaltiges Mineral

Die Etrusker waren ein Volk, das seit etwa 1000 v. Chr. in Mittelitalien nachzuweisen ist. Sie entwickelten eine Hochkultur, in der sich griechische und andere, möglicherweise autochthone kleinasiatische Einflüsse mischten (es gibt die Theorie, dass die Etrusker aus Asien stammten). Die Römer übernahmen von den Etruskern nicht nur das Alphabet (das diese wiederum von den Griechen gelernt hatten), sondern auch einige Wörter. »Triumph«, »Titel«, »Person« und »Meister« sind Wörter lateinisch-etruskischen Ursprungs. Der italienische Sprachwissenschaftler Giuliano Bonfante vertrat die These, auch unser Wort »Erz« hätten unsere Vorfahren vor mehr als 2 000 Jahren von den Etruskern übernommen, die sich mit einer bis heute teilweise rätselhaften nichtindogermanischen Sprache verständigten. Es gehe auf den Namen der Stadt Aritim (heute Arezzo) in der östlichen Toskana zurück, deren Händler Metallwaren ins germanische Gebiet exportierten. In Deutschland wird dagegen oft eine Abhängigkeit vom sumerischen Wort *urud* für »Kupfer« vermutet. Da die Etrusker den Germanen geografisch viel näher waren und die nördlichen Barbaren von ihnen (oder von einem anderen norditalienischen Volksstamm) auch die Idee des Alphabets übernommen haben, ist die Italien-These über den Ursprung von »Erz« viel wahrscheinlicher, zumal das Anfangs-A aus »Aritim/Arretium« im althochdeutschen *aruz* und im altsächsischen *arut* – den frühesten überlieferten Formen des Wortes, aus denen sich durch Lautwandel die heutige Form entwickelte – noch vorhanden ist.

Familie

Lateinisch // Substantiv, feminin // Häufigkeit ****

Menschen, mit denen man verwandt ist

Die Familie bestand ursprünglich aus Sklaven. Das lateinische Wort *familia* ist eine Kollektivbildung zu *famulus*, »Diener«, und bezeichnete das zum Hause gehörende Gesinde. Für die Familie in unserem heutigen Sinne hatten die Römer ursprünglich das Wort *gens*. Erst spät umfasste die *familia* schließlich die ganze Hausgemeinschaft inklusive der Verwandten. Anfang des 14. Jahrhunderts gelangt das Wort endlich ins Deutsche. Martin Luther verwendet es noch nicht, hat dafür »Geblüt«, »Geschlecht«, »Sippe«, »Art« und vor allem »Haus«: »Ich aber und mein Haus wollen dem Herrn dienen«, heißt es im Bibelvers Josua 24, 15. Nur bis zum Mittelhochdeutschen existierte *hīwisch* für »Familie, Haushaltung«, das mit »Heirat« etymologisch verwandt ist. Seit dem 16. Jahrhundert gibt es auch die Formel »Weib und Kind«; noch in Heinrich Heines Ballade »Die Grenadiere« sagt der eine der beiden sich nach dem Tod sehnenden besiegten Franzosen: »Doch hab' ich Weib und Kind zu Haus, / Die ohne mich verderben« – was keineswegs bedeuten muss, dass er nur einen einzigen Nachkommen hat. Seit etwa 1700 wird »Familie« dann immer häufiger, und die anderen Bezeichnungen werden allmählich nur noch bewusst altertümelnd gebraucht – so noch bei den Nazis das Wort »Sippe«.

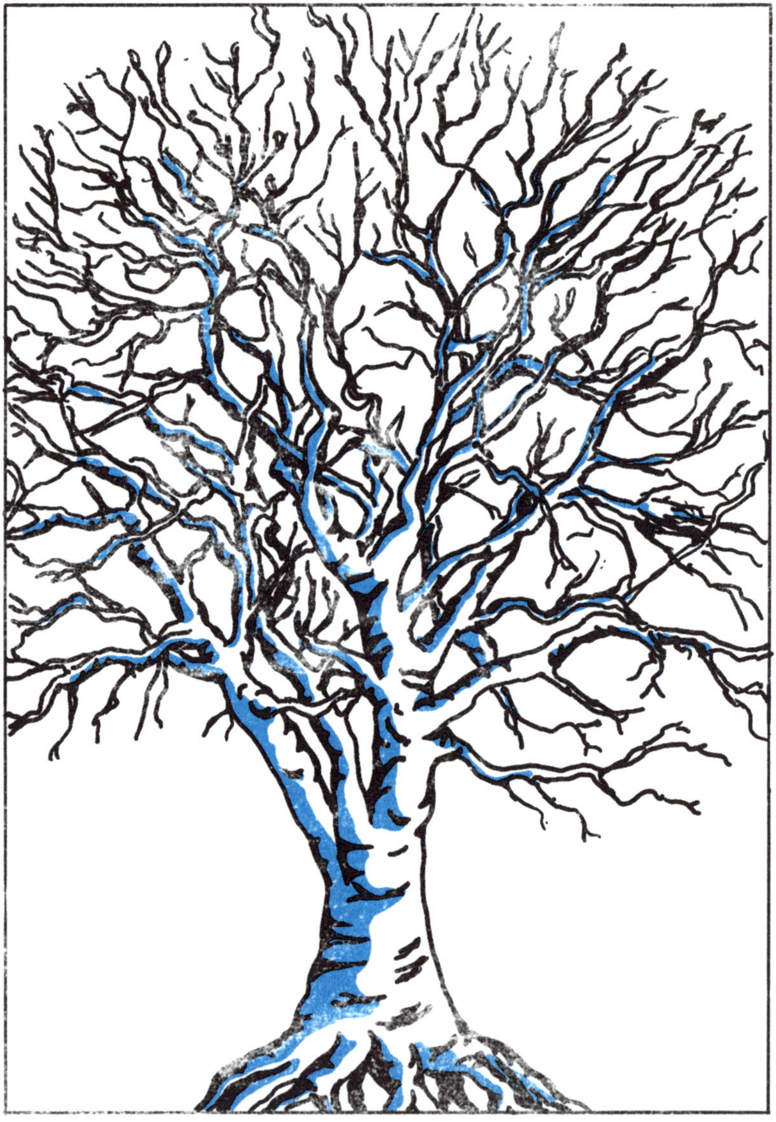

FAMILIE

fasten

Gotisch // Verb // Häufigkeit ***

auf Nahrung oder andere Genüsse
und Gewohnheiten verzichten

Wer fasten will, muss fest bleiben. Bei den Ostgoten, deren Sprache als einziges ostgermanisches Idiom dank der erhalten gebliebenen Bibelübersetzung des Bischofs Wulfila in Schriftform überliefert ist, bedeutete das Wort *fastan* noch »halten, festhalten, beobachten«, erhielt aber mit der Zeit auch den Sinn »aus religiösen Gründen zeitweilig auf Nahrung bzw. bestimmte Speisen verzichten«. Natürlich ist das gotische *fastan* mit dem Adjektiv »fest« urverwandt. Schon im ab 800 schriftlich überlieferten Althochdeutschen war der ursprüngliche allgemeinere Sinn verschwunden; hier existierte »fasten« nur noch als Bezeichnung für das religiöse Verzichtsritual. »Fasten« ist wie »taufen« (aus gotisch *daupjan* für »eintauchen, taufen«) ein kirchlicher Begriff, der sich vom äußersten Osten des germanischen Sprachgebiets (Wulfila missionierte im 4. Jahrhundert an der unteren Donau und im heutigen Nordbulgarien) immer weiter nach Westen verbreitet hat. Beide Begriffe haben heute ihren religiösen Sinn stark eingebüßt: *Taufen* kann man auch ein Schiff oder ein neues Computerbetriebssystem, *fasten* tut man fast nur noch aus Diät- und Wellnessgründen. Die allerneuesten Trends sind »digitales Fasten« und »Smartphone-Fasten« einerseits und »Intervallfasten« andererseits. Mag auch Gott dabei nicht mehr im Spiel sein, so handelt es sich doch ebenfalls um Bußrituale, mit denen man die Sünden der Völlerei und der Geschwätzigkeit wiedergutmachen will.

Firma

Italienisch // Substantiv, feminin // Häufigkeit ****

gewerbliches Unternehmen

Wir haben ungewöhnlich viele Ausdrücke der Geschäftswelt und des Bankenwesens aus der italienischen Sprache entlehnt: »Konto«, »Giro«, »Skonto«, »Bank«, »brutto«, »netto«, »Spesen« und eben auch »Firma«. Das hat damit zu tun, dass Handel und Geldgeschäfte im großen Stil in Italien schon seit dem Mittelalter blühten, lange bevor es in Deutschland mit den Fuggern und Welsern die ersten echten Kapitalisten gab. »Firma« ist ein Spätling jener Entlehnungsbewegung: Das Wort kam im 18. Jahrhundert zu uns und bedeutete zunächst »Unterschrift eines Kaufmanns«. Etymologisch betrachtet stammt »Firma« natürlich vom lateinischen *firmus* für »fest« ab. Daraus entwickelten sich im Italienischen und Spanischen die Verben *firmare* und *firmar* (»durch Unterschrift festlegen«). Schon damals nimmt das Wort auch die Bedeutung »Name eines Handelshauses« an und bezeichnet schließlich die Firma selbst. Bei Thomas Mann schilt Thomas Buddenbrook seinen untüchtigen Bruder Christian: »Es soll mich kalt lassen, wie sehr du dich persönlich zum Narren machst; aber ich verbiete dir, hörst du mich wohl? ich *verbiete* es dir, die Firma in einer Weise zu kompromittieren, wie du es gestern Abend gethan hast!« Das Wort »Firma« konnte aber auch »Firmenschild« bedeuten. Darauf gehen Stellen bei Goethe zurück, die man heute nicht mehr recht versteht und in denen der Ausdruck die »Persönlichkeit eines Menschen, der für etwas einsteht«, meint: »Man erkennt niemand an als den der uns nutzt. Wir erkennen den Fürsten an, weil wir unter seiner Firma den Besitz gesichert sehen.« Ebenfalls vom Schild her hat sich die heute veraltete Bedeutung »Devise, Losung« entwickelt. August Bebel grenzt sich 1910 in seinen Memoiren *Aus meinem Leben* von denjenigen ab, »welche [...] unter der Firma ›Kampf gegen die radikale Bourgeoisie‹ ihr Einverständnis mit der Reaktion verbergen wollten«.

Gau

Mittelhochdeutsch // Substantiv, maskulin oder Neutrum // Häufigkeit *

Region, Gebiet

Das Wort ist nicht aus einer anderen Weltregion eingewandert, sondern aus einer anderen Zeit: dem Mittelalter. Ins Neuhochdeutsche wurde es von Friedrich Ludwig Jahn befördert, der nicht nur ein Nationalist, ›Franzosenfresser‹ und Judenfeind war, sondern auch ein paar ziemlich fortschrittliche Ideen über Körperertüchtigung hatte. Um diese zu transportieren, prägte er Wörter wie »Barren«, »Reck« und »turnen«; daneben bekämpfte er Fremdwörter. Deshalb propagierte er eine Wiederbelebung des Wortes »Gau«. Es ist ein uraltes Wort für »Landschaft«, das noch in Namen wie Hennegau und Allgäu steckt. Bis zum Jahre 1700 war es völlig ungebräuchlich geworden. Dann kamen zuerst Historiker auf die Idee, die altägyptischen Verwaltungsbezirke so zu nennen. Schließlich verwendeten es altertümelnde Dichter wie Bürger und Voss. Goethe dichtete im *Faust II*: »[...] Wolltest du zu unsern Gauen / Dich ans grüne Meer verfügen.« Bereits um 1800 empfahl es der Sprachforscher Joachim Heinrich Campe als Verdeutschung für »Distrikt« und »Kanton«. National gesinnte Studenten griffen es auf und übernahmen es in ihren Burschenschaftsjargon. Doch erst Jahn, der einer der einflussreichsten Intellektuellen des 19. Jahrhunderts war, setzte es durch. 1833 schrieb der Turnvater: »Unsere kunstwortreiche, lebensvolle und bildsame Sprache hat an Eintheilungsnamen keinen Mangel, daß wir aus wälschen Sprachen nichtssagende Kunstausdrücke borgen müßten. [...] Mit: Landen, Marken, Gauen (Kreisen, Vierteln, Bezirken), Kirchspielen, Gemeinden, kann das größeste und wohlgegliedertste deutsche Reich auskommen.« Logisch, dass der Deutsche Turnerbund bis heute die letzte deutsche Großorganisation ist, die ihre regionalen Bezirke noch »Gaue« nennt. Für alle anderen hat der Nationalsozialismus das Wort ruiniert. 2014 schaffte auch der ADAC diese Bezeichnung ab; seitdem ist er in »Regionalclubs« gegliedert. Verantwortlich dafür, dass viele Organisationen im frühen 20. Jahrhundert sich in Gauen organisierten, war die Jugendbewegung Wandervogel, die ab 1896 der zunehmenden Verstädterung ein naturverbundenes Frischluft-Freiheitsideal entgegensetzte. Die Wandervögel hatten das Wort für ihre Regionalorganisationen von den Turnern übernommen. Der 1903 als Deutsche Motorradfahrer-Vereinigung gegründete ADAC griff den Ausdruck dann auch auf – er lag einfach in der Luft. Die Nazis klauten in den Zwanzigerjahren den »Gau« – wie so viele andere Vokabeln – vom Wandervogel und ähnlichen Jugendbewegungen. Im *Taschenbuch des neuen Staates* steht 1934: »Das Deutsche Reich mit Deutschösterreich und Freistaat Danzig ist [...] in 33 Gaue eingeteilt. An der Spitze des Gaues, der allgemein einem Wahlkreis entspricht, steht der Gauleiter. Er wird vom Führer eingesetzt und abberufen.« Vor allem »Gauleiter« wird bis heute untrennbar mit den Schrecken der NS-Zeit verbunden, weil diese Provinzfürsten in ihren Gauen so grausam herrschten wie kleine Regional-Hitlers.

Gletscher

Rätoromanisch // Substantiv, maskulin // Häufigkeit **

aus Schnee entstandene Eismasse

Das Wort kommt im 16. Jahrhundert aus dem Schweizerdeutschen in die deutsche Literatursprache. 1550 gebraucht es Sebastian Münster in seiner berühmten *Cosmographia*. Ursprung des Begriffs ist wohl das rätoromanische *glatscher*. Dieses geht wie das französische *glacier* und das italienische *ghiacciaio* auf ein volkslateinisches Wort zurück, dem lateinisch *glacies* oder spätlateinisch *glacia* für »Eis« zugrunde liegen. Eine der ältesten sehr anschaulichen dramatischen Beschreibungen eines Gletschers steht in einem naturkundlichen

GLETSCHER

Buch von Johann Heinrich Seyfried. Er schreibt 1679 in *Medulla Mirabilium Naturae*: »In der Schweitz / im Grindel-Wald [...] im Schnee-Gebürg / liegt ein hoher felsigter Berg / der grosse Glätscher genandt. [...] Es wachsen auch aus ihme grosse rauhe Schrollen / und Eis-Schulpen / wie auch Stein / und gantze Felsen-Stuck / die des Orts befindliche Häuser und Bäume von sich seitwerts in die Höhe schieben.« So bedrohlich das klingt: Heute macht uns nicht mehr das Wachsen der Gletscher, sondern ihr Schrumpfen Sorgen.

Grenze

Polnisch // Substantiv, feminin // Häufigkeit ****

imaginäre Linie, die zwei Bereiche voneinander trennt

Nachdem der Dichter Theodor Körner, der in einem Freikorps gegen Napoleon kämpfte, im Juli 1813 eine schwere Verwundung erlitten hatte, reimte er: »Die Wunde brennt. — die bleichen Lippen beben. — / Ich fühl's an meines Herzens matterm Schlage, / Hier steh ich an den Marken meiner Tage.« Der letzte Satz steht auch auf dem Grabstein von Marlene Dietrich. »Mark« beziehungsweise »Marke« ist das alte deutsche Wort für »Grenze«. Es steckt in Bezeichnungen wie »Mark Brandenburg« oder der historischen »Spanischen Mark« im Reiche Karls des Großen und deutet darauf hin, dass es sich hier um ehemalige Grenzregionen handelt. Heute ist »Mark«, wie andere ältere Wörter – »Ende«, »Gemerk«, »Rain«, »Scheide« –, die Ähnliches bedeuteten, nahezu völlig verdrängt vom Wort »Grenze«. Das stammt aus dem altpolnischen *granica*, *grańca* für »Grenzzeichen, Grenzlinie«, das bereits im 12. Jahrhundert in den Formen *graniza*, *graenizen*, *greniz* ins Mittelhochdeutsche entlehnt wurde – naturgemäß im Kontaktgebiet zum östlichen slawischen Nachbarn. Im Obersächsischen ist »Grenze« schon im 14. Jahrhundert das allein gültige Wort. Martin Luther, der die Mundart seines Wittenberger Wirkungsbereichs als Grundlage für seine Bibelübersetzung nimmt, verwendet es ausschließlich. Um 1700 versteht man »Grenze« in ganz Deutschland, und nun gelangt es auch in überregionale Literatur. Goethe schreibt es fast immer mit *ä*. In *Aus meinem Leben. Dichtung und Wahrheit* beschwört er eine Jugenderinnerung aus Frankfurt an »Pforten und Thürme, welche die Gränze der alten Stadt bezeichneten«.

Gummi

Altägyptisch // Substantiv, Neutrum // Häufigkeit ***

aus Kautschuk hergestelltes elastisches Material sowie Dinge, die daraus gemacht sind

Es gibt »Gummis« und es gibt »Gummen«. Der zweite Plural bezeichnet in der Botanik diverse Pflanzensäfte, die zum Schutz vor Wunden dienen und an der Luft elastisch erhärten. Der erste meint elastische Materialien, die bei der Vulkanisation von Naturkautschuk und synthetischem Kautschuk entstehen. Das Wort geht zurück auf die geheimnisvollen Mixturen, mit denen die alten Ägypter ihre Toten möglichst haltbar machen wollten. Ein wohlriechendes Harz, das sie dabei verwendeten, hieß *kemai* oder *kemà*. Daraus wurde das griechische Wort *kómmi* (κόμμι). Im Lateinischen wandelt sich das *o* zum *u* – *cummi* –, und schließlich wird im Mittellateinischen im Munde von Leuten, die keine Römer, also keine Muttersprachler des Lateinischen sind, aus dem *c* am Anfang ein *g*. Als *gummi* gelangt es schließlich im 13. Jahrhundert ins Deutsche. Weiter verbreitet wird es durch Konrad von Megenbergs um 1349/50 entstandenes *Buch der Natur*, die erste bedeutende wissenschaftliche Abhandlung, die in deutscher Sprache erschien. Gemeint war mit *gummi* in der Frühzeit immer *Gummi arabicum*, das aus verschiedenen afrikanischen Akazienbäumen gewonnen wird. Sehr wahrscheinlich war das auch schon der Stoff, den die Ägypter als *kemai* bezeichneten. Es wirkt nämlich stark adstringie-

GUMMI

rend, und beim Mumifizieren von Leichen kommt es darauf an, diesen möglichst viel Wasser zu entziehen. Heute bezeichnet man mit »Gummi« auch Gegenstände, die aus Gummi oder gummiähnlichen Stoffen hergestellt werden – vom Kaugummi über den Radiergummi bis zum Präservativ. Bereits 1937 empfiehlt das *Lexikon der Hausfrau*: »Das einzig brauchbare, aber keineswegs absolut sichere Mittel gegen Ansteckung durch Verkehr ist Kondom (›Gummi‹).« Erst wenige Jahrzehnte alt ist die Redensart »Gummi geben« im Sinne von »die Geschwindigkeit erhöhen« – meist im Imperativ »Gib Gummi!« –; sie rührt wohl daher, dass bei hohem Tempo die Reifen erhitzen und schneller verschleißen.

Guru

Hindi // Substantiv, maskulin // Häufigkeit **

geistlicher Lehrmeister, Weiser

Das aus dem Hindi stammende Wort für einen spirituellen Lehrer, entstanden aus dem altindischen *gurú* für »schwer, gewichtig, ehrwürdig«, taucht seit dem frühen 18. Jahrhundert vereinzelt in Reisebeschreibungen und Erinnerungen von Missionaren auf. In Joseph Stöckleins seit 1726 erschienener Sammlung von Jesuiten-Berichten und -Briefen »aus beyden Indien und andern über Meer gelegenen Ländern« wird über die religiösen Verhältnisse in Indien geklagt: »Eine der grösten Hinternussen / die dem Fortgang des Christentum in Weeg stehen / seynd die abgöttische Guru oder geistliche Vätter / welcher einziges Absehen ist sich mit dem Geld / so die selbe aus ihren Lehrjüngern erpressen / zu bereichen [...].« Populärer wird »Guru«, als man sich in der ersten Hälfte des 19. Jahrhunderts in Deutschland mit Sprache, Religion und Philosophie Indiens zu beschäftigen beginnt. Friedrich Rückert reimt 1836 in seinem langen Lehrgedicht »Die Weisheit des Brahmanen«, das Anregungen aus Christentum,

Islam, Hinduismus und abendländischer Philosophie vereint: »Mit hoher Andacht nimm, mit tiefer Ehrfurcht du / Dergleichen, was dir gibt dein Lehrer, dein Guru.« Eine gewisse Verbreitung scheint das Wort auch in der bündischen Jugendbewegung und bei den Wandervögeln des frühen 20. Jahrhunderts gehabt zu haben. Alfred Zschiesche, der Dichter des Liedes »Wenn die bunten Fahnen wehen«, widmet dem Gründer des Nerother Wandervogels Robert Oelbermann ein Gedicht mit dem Titel »Guru« und nennt seinen Lehrmeister auch im Gespräch so. Die eigentliche Karriere des Wortes beginnt im Jahr 1968, als innerhalb kürzester Zeit Prominente wie die Beatles, die Beach Boys, Donovan, Clint Eastwood und Mia Farrow Meditationskurse beim Guru Maharishi Mahesh Yogi in Indien belegen. Im selben Jahr gründet in Deutschland der Schlagzeuger Mani Neumeier die Band The Guru Guru Groove, deren Name bald darauf zu Guru Guru verkürzt wird. Von da an sind Gurus etwa zwei Jahrzehnte lang unerlässliche Figuren in der westlichen Gegen- und Popkultur. Der berühmteste ist Bhagwan Shree Rajneesh (»Osho«) in Poona, der in den Siebziger- und Achtzigerjahren als Sex-Guru zahlreiche untervögelte Westler und Westlerinnen anzieht und dessen rot gekleidete Sannyasin man auch außerhalb Indiens häufiger sieht. Seit 1980 steht »Guru« im Duden. Heute ist das Wort in der übertragenen Bedeutung »jemand, der sich auf einem speziellen Gebiet auskennt (oder so tut)«, allgegenwärtiger Bestandteil von Zusammensetzungen wie »Fitness-Guru« oder »Börsen-Guru«.

Hängematte

Arawakisch // Substantiv, feminin // Häufigkeit **

Ruhematte, die zwischen zwei Bäumen, Pfählen, Wänden aufgehängt wird

Dieses Wort, das für uns nach einer so einleuchtenden Zusammensetzung klingt, ist die Verballhornung des Wortes *hamaka*. Mit diesem Begriff bezeichneten die Arawak, die in der Karibik und im Nordosten Südamerikas lebten, ihre hängenden Ruhestätten, die den ersten Europäern so merkwürdig vorkamen. Letztere übernahmen die Vorrichtungen dann aber gern, vor allem für Schiffe, auf denen es darum ging, Schlafgelegenheiten zu haben, die in den beengten Verhältnissen wenig Platz einnahmen und bei Seegang nicht wie Betten hin und her rutschen konnten. Die Spanier entlehnten *hamaca* unverändert in ihre Sprache, die Franzosen verkürzten das Wort später zu *hamac*, die Engländer formten es zu *hammock* um, und bereits die Holländer missverstanden es als *hangmak* und schließlich *hangmat*. Wir Deutschen haben den Irrtum dann gewissermaßen von den Holländern übernommen. Dabei war das korrekte indigene Wort in Deutschland durchaus bekannt. Nachdem die Schlafbräuche der Kariben schon 1509 zum ersten Mal in einer Übersetzung von Amerigo Vespuccis Reisebericht beschrieben worden waren, ohne das Wort zu nennen, staunte der deutsche Konquistador Nicolaus Federmann, der im Auftrag der Welser in Venezuela und Kolumbien unterwegs war, 1557 in seiner *Indianischen Historia* über die »Hamacos, also heissen die Indianischen beth«. Auch *Hamaca*, *Hamag*, *Amakk*, *Amaksse* findet man bis zum 17. Jahrhundert in deutschen Texten. 1627 taucht dann erstmals die Form »Hengmatte« auf, die noch lange mit »Hangmatte«, »Hangematte« und »Hängmatte« konkurriert, bevor sich schließlich das heutige Wort durchsetzt.

hip

Wolof // Adjektiv // Häufigkeit **

cool, modisch

Auf Wolof – eine überwiegend in Senegal gesprochene Sprache – heißt *xippi* »wachsam, mit offenen Augen«. 1991 veröffentlichte der senegalesische Musiker Youssou N'Dour ein Album, das genau so hieß: *Xippi*. Das war allerdings schon eine Anspielung auf das weltweit verständliche englische Wort *hip*. Youssou N'Dour holte das Wort gewissermaßen wieder heim nach Afrika. Die glaubwürdigste Theorie für den Ursprung des englischen *hip* ist, dass Sklaven aus dem Senegal ihr Wolof-Wort, in dem das *x* ausgesprochen wird wie unser *ch* in »lachen«, mit nach Amerika brachten. Dort fand es seinen Weg in den Jargon der Schwarzen und dann ins Englisch der Zeitungen. Die erweiterte Bedeutung »wissend« bescherte *hip* eine Karriere als Attribut für Menschen, die sich in kulturellen, musikalischen und sprachlichen Trends besonders gut auskennen. Am Anfang stand noch nicht fest, ob sich die Schreibweise *hep* oder *hip* durchsetzen würde. Sicher ist, dass der Ausdruck seit dem frühen 20. Jahrhundert »sehr modisch« bedeuten konnte. Während der Prohibition nannte man einen Burschen, der den verbotenen Whiskey in einer Hüftflasche trug, *hipster* – das war aber ein Wortspiel mit dem Doppelsinn von *hip* (»Hüfte«) und *hipster/hepster*, das in den Zwanzigerjahren aufkam und als Synonym für *hip cats/hep cats* besonders coole schwarze Jazzfans bezeichnete. Den engen Kreis der schwarzen Subkultur verließ das Wort 1938, als der auch bei Weißen sehr berühmte Sänger Cab Calloway seinen *Cat-ologue: A »Hepster's« Dictionary*, ein satirisches Wörterbuch des Jazz-Slangs, herausbrachte. 1957 nannte dann der Schriftsteller Norman Mailer in seinem Essay *The White Negro* weiße junge Menschen, die ihre Verachtung für die weiße Mittelstandskultur durch einen nonkonformistischen Jazz-Lebensstil (gerne mit Drogen) zum Ausdruck brachten, »*hipster*«. In diesem Sinne war es in den Sechzigerjahren auch in Deutschland gebräuchlich. Erst als diese Bedeutung vergessen war, konnte das Wort nach 1999 noch einmal als Bezeichnung für bärtige Männer, die sich modisch um jeden Preis absetzen wollen, ins Deutsche importiert werden. Wenn man weiß, dass auch »Hippie« und »Hip-Hop« ursprünglich einmal etwas mit dem Adjektiv *hip* zu tun hatten, muss man sagen, dass dieses kleine Wort die wohl atemberaubendste afroamerikanische Karriere vor Barack Obama hingelegt hat.

Honk

Englisch // Substantiv, maskulin // Häufigkeit *

Trottel, Depp

Das ist eines der neuesten und zugleich rätselhaftesten Lehnwörter, die wir in diesem Buch behandeln. Erst um die Jahrtausendwende wird es aus dem Englischen importiert. In einem Artikel des Schweizer *Tages-Anzeigers* über ein neues Jugendsprache-Wörterbuch wird 2003 konstatiert: »›Pommespanzer‹ heisst da eine fette Person, ›Analhusten‹ steht für Blähungen, ›Ritzenputzer‹ für Stringtanga. Wer das alles nicht kapiert, ist ein Honk (Depp).« Heute ist das Wort längst in die Umgangssprache Erwachsener eingedrungen. Der Chefredakteur des *Spiegels* kommentiert 2018 in einer Mail an seine Mitarbeiter die Nachricht, dass Juan Moreno ein Buch über die Relotius-Affäre schreibe, so: »Ein Buch wird es so oder so geben. Und da ist es mir lieber, es schreibt einer, der wirklich nah dran war, und nicht irgendein Honk.« Im Duden, der es als Jargonwort mit der Bedeutung »Dummkopf, Idiot« definiert, wird angenommen, »Honk« sei nach dem englisch-amerikanischen Slangwort *honky* für »Weißer« gebildet. Dieses ist seit etwa 1900 zunächst als Schimpfwort für Immigranten aus Osteuropa belegt. Sie mussten oft niedrige Arbeiten verrichten, möglicherweise wurde es deshalb zum Synonym für Unterschichtsangehörige. Seit den Sechzigerjahren bezeichnet *honky* im Slang der Afroamerikaner weiße Personen. Nahe verwandt ist der ebenfalls seit der letzten Jahrhundertwende nachweisbare Ausdruck *hunk* – eine weitere gehässige Bezeichnung für Einwanderer aus Ostmitteleuropa. Der *New York Herald* unterschied 1896 zwischen *Hikes* und *Hunks*: »*The ›Hikes‹ are Italians and Sicilians. ›Hunks‹ is a corruption for Huns, but under this title the Pennsylvanian includes Hungarians, Lithuanians, Slavs, Poles, Magyars and Tyroleans.*« Die Herleitung des Wortes von *hun* (»Hunne«) klingt überzeugend. Aber wahrscheinlicher ist der Zusammenhang mit dem englischen Wort für »Ungarn«, *Hungary*, oder mit der in Tschechien ansässigen Volksgruppe der Hanaken, die schon in Europa als sprichwörtlich dumm galten. In einem amerikanischen Lexikon des Gaunerjargons wird das Wort *Hunkie* 1914 so erklärt: »*A corruption of Hungarian, but employed to signify a Continental European who is unwashed and unnaturalized.*« Mindestens seit 1903 existiert auch der Ausdruck *bohunk*, der vom *Oxford English Dictionary* als Zusammenziehung von *Bohemian* und *Hungarian* erklärt wird und ebenfalls einen unzivilisierten Immigranten aus (Ost-)Europa bezeichnet. Dieses Wort hat es immerhin in die ganz große Literatur gebracht. John Dos Passos schreibt in seinem Roman *The 42nd Parallel* (deutsch: *Der 42. Breitengrad*) von 1930: »*bohunk and polak kids put stones in their snowballs* […].« Die Rolling Stones machen 1969 mit ihrem Song »*Honky Tonk Woman*«, in dem eine Frau als promiske »*gin soaked, bar-room queen in Memphis*« beschrieben wird, den Begriff *Honky-Tonk* auch hierzulande als Bezeichnung für ein Musiklokal bekannt. *Honky-Tonks* sind typische Aufenthaltsorte sozial niedrig stehender Weißer – oft Nachfahren jener Männer, die man vor rund hundert Jahren als *hunks* und *bohunks* bezeichnet hat. Dass das Wort nun als »Honk« nach Europa, also gewissermaßen in seine Heimat zurückgekehrt ist, ist eine schöne Pointe der Sprachgeschichte.

Horde

Mongolisch // Substantiv, feminin // Häufigkeit *

wilder, unzivilisierter Menschenhaufen

Das Wort wurde in Europa eingeführt durch die Goldene Horde. Damit bezeichnete man zunächst in russischen Quellen den Herrschaftsbereich des Mongolenführers Batu Khan und seiner Nachfolger, der sich von Sibirien bis zur Donau erstreckte. Karénina Kollmar-Paulenz schreibt in ihrem Buch *Die Mongolen*: »Der Name ›Horde‹ geht wohl auf die mongolische Bezeichnung *ordo*, ›Palastzelt, Heerlager‹, zurück, das Batu Khan in Sarai an der Wolga aufschlug.« Aus dem Russischen oder Ukrainischen wird »Horde« dann ins Deutsche entlehnt. Laut dem Etymologen Wolfgang Pfeifer bedeutet *Horde* zunächst »Tatarenverband, Menschenansammlung«, seit dem Ende des 16. Jahrhunderts dann geringschätzig »Kriegsleute, Haufen, Soldatenrotte« und schließlich »ungeordnete Menge, zügellose Schar«. Etymologisch gesehen hat das mongolische *ordo* jedoch überhaupt nichts mit dem deutschen Wort »Horde« für einen Tragekorb auf dem Rücken oder ein Aufbewahrungsgestell etwa für Kartoffeln zu tun. Dieses ist vielmehr mit unserem Wort »Hürde« verwandt. Beides geht auf ein althochdeutsches Wort *hurt* zurück, das »Flechtwerk aus Reisern« bedeutete. Die »Hürde« bezeichnet nicht nur ein Hindernis, sondern auch einen tragbaren (geflochtenen) Zaun.

Iro

Algonkin // Substantiv, maskulin // Häufigkeit *

Frisur, bei der das Haar an beiden Seiten des Kopfes bis auf einen Streifen wegrasiert wird

Der »Iro« ist für die Amerikaner ein *mohawk*. So wird von ihnen eine Frisur genannt, bei der die Haare an den Seiten abrasiert wurden, sodass nur noch in der Mitte ein Streifen übrig ist. Diese Haartracht war populär bei den Indianerstämmen rund um den Huronsee; als ihre Erfinder gelten die Wyandot. Durchgesetzt hat sich aber im anglophonen Gebiet die Benennung nach den Mohawk. Als Erinnerung daran führt der indianischstämmige Soldat Jake McNiece die Frisur im Zweiten Weltkrieg bei der 101. Luftlandedivision ein, wo er und seine engsten, besonders wagemutigen Kameraden sie tragen. Später wird der *mohawk haircut* immer wieder auch von anderen Soldaten getragen, um sich herauszuheben und besonders furchteinflößend auszusehen. Der Taxifahrer Travis Bickle in Martin Scorseses Film *Taxi Driver*, der sich den Kopf so rasiert, bevor er Amok läuft, will damit seine Verwandlung in eine Kampfmaschine zeigen. Der Film entsteht 1976, das auch als Geburtsjahr des Punk gilt. Mit dem Punk verbreitet sich dieser Frisurentyp dann spätestens ab 1980 auch massenhaft in Deutschland. Offenbar war er unter anderen Außenseitern aber schon vorher in Gebrauch – und wurde von Anfang an »Irokesenschnitt« genannt. 1971 berichtet die *ZEIT* über einen Prozess gegen sechs Rocker, die einen Mann aus dem Zug geworfen haben. Einer wird beschrieben: »Sein dicker Kopf ist an den Seiten kahl geschoren. Von der Stirn zum Scheitel bedeckt ihn ein Streifen von sehr kurzem Haar, vom Scheitel zum Nacken fällt ein strähniger Haarschweif. Irokesenschnitt heißt das.« Anfang der Neunzigerjahre ist die Frisur dann so bekannt, dass sie als »Iro« abgekürzt werden kann und jeder versteht, was gemeint ist. Die deutsche Bezeichnung ist völlig korrekt, weil die Mohawk einer der sechs Stämme der Irokesenföderation waren, die im 17. und 18. Jahrhundert andere Stämme im Gebiet der großen Seen des amerikanischen Nordostens bekriegten, unterwarfen und teilweise geradezu auslöschten. Die Irokesen selbst nannten sich *Haudenosaunee* (»Leute des Langhauses«). Doch ihre Feinde, die Algonkin, schimpften sie *Irinakhoiw* oder kurz *Iroqu* (»Klapperschlangen«). Die Franzosen übernahmen den Algonkin-Ausdruck in der Form *Iroquois* – so heißen die Stämme bis heute im Englischen und Französischen. Ende des 18. Jahrhunderts kommt das Wort in der Gestalt »Irokesen/Irokösen« ins Deutsche. 1775 schreibt Johann Georg Sulzer: »Jedermann wird gestehen, daß es für einen Irokese eine höchst reizende Sache sey, aus dem Hirnschädel seines Feindes starkes Getränk zu trinken und dabey wilde Siegeslieder anzustimmen, wo Ton, Rhythmus und Worte von der heftigsten Leidenschaft angegeben werden.« Klingt – bis auf die Sache mit dem Schädel – eigentlich schon ziemlich nach Punk.

Jumbo

Swahili // Präfix; Substantiv, maskulin // Häufigkeit **

Wortbildungselement zum Ausdruck von Größe; Großflugzeug

Dieser Ausdruck ist im Deutschen zum einen Bestandteil und Kurzform des Wortes *Jumbojet*, mit dem das seit den Sechzigerjahren hergestellte Passagierflugzeug Boeing 747 bezeichnet wird. Zum anderen zeigt er als Präfix generell Größe an – etwa in Zusammensetzungen wie »Jumbopackung« oder »Jumboflasche«. Die Boeing 747 war lange Zeit das größte Passagierflugzeug der Welt, und eine Jumboflasche ist größer als eine normale Flasche.

»Jumbo« geht zurück auf den Namen eines Elefanten, den der Zirkusunternehmer P. T. Barnum 1882 dem Londoner Zoo abkaufte, wo das ursprünglich aus Abessinien stammende Tier zuvor zwanzig Jahre lang eine Hauptattraktion gewesen war. In den USA machte Barnum den Elefanten durch geschickte Reklame erst recht zu einem im ganzen Land bekannten Star. *Jumbo* ist eine alternative anglophone Schreibweise des Swahili-Wortes *Jambo* (»Hallo«). Den Namen hat der Elefant angeblich von seinem Londoner Zoowärter Matthew Scott bekommen; aus Abessinien, wo kein Swahili gesprochen wurde, hatte er ihn jedenfalls nicht mitgebracht. 1885 starb Jumbo beim Zusammen-

JUMBO

stoß mit einem Zug. Die Deutschen erfuhren von Jumbos Schicksal erst Anfang 1886, als das Fachblatt *Der Zoologische Garten: Zeitschrift für die gesamte Tiergärtnerei* meldete: »Barnums Riesenelefant Jumbo wurde am 15. September bei St. Thomas in der kanadischen Provinz Ontario von einem Frachtzuge überfahren und erlitt Verletzungen, denen er bald darauf erlag.« Auch hierzulande wurde »Jumbo« in der Folgezeit zum beliebten Namen für gefangene Elefanten und fast zum Synonym für die ganze Tiergattung. Aber auch andere Haustiere werden »Jumbo« genannt, oft ironisch – Tucholsky gibt 1928 einem Dackel diesen Namen.

Kajak

Tunumiisut // Substantiv, maskulin oder Neutrum // Häufigkeit *

Paddelboot nach Art der Inuit

Das Wort »Anorak« kommt, wie wir gelernt haben, aus dem Kalaallisut, dem Westgrönländischen. Das Ostgrönländische, das Tunumiisut, unterscheidet sich davon so stark, dass es als eigene Sprache gilt. Aus dieser ist im 17. Jahrhundert das Wort »Kajak« als Bezeichnung für die einsitzigen, mit Doppelpaddel angetriebenen Boote der Inuit ins Deutsche gelangt. Im Tunumiisut lautet das Wort *qajaq*, der Plural *qajat*. Das älteste vollständig erhaltene Kajak Deutschlands und vermutlich der ganzen Welt wird in der Lübecker Schiffergesellschaft aufbewahrt; es wurde 1607 während einer dänischen Grönlandexpedition im Nordatlantik geborgen. Jahrhundertelang blieb das Wort auf Reiseliteratur oder kulturelle Maskerade beschränkt. Johann Gottfried Herder zitiert 1773 in seinem Buch *Von deutscher Art und Kunst* angeblich einen Totenklagegesang, den Grönländer bei der Trauerfeier für einen gestorbenen Verwandten anstimmen: »›Du kamst nie leer von der See: dein Kajack war stets mit Seehunden oder

Vögeln beladen.‹« Im 19. Jahrhundert entwickelt sich der zunächst meist »Grönländer« genannte Bootstyp zum Sport- und Freizeitgerät. Seit 1936 ist Kajakfahren als Teilbereich des Kanusports olympische Disziplin.

Kanake

Hawaiisch // Substantiv, maskulin // Häufigkeit *

Angehöriger eines Südseevolks;
Beleidigungswort für Nichtdeutsche

Heute ist »Kanake« ein rassistisches Schimpfwort in Deutschland – das in den Neunzigern als Selbstbezeichnung von türkischen Rappern und Schriftstellern aufgegriffen wurde. Aber ursprünglich war *kanaka* das hawaiianische Wort für »Mensch«, und auf Hawaii existiert es auch bis heute in dieser Bedeutung. Bereits im frühen 19. Jahrhundert gebrauchte man *kanaka* aber im ganzen pazifischen Raum als eine Bezeichnung für die Vertragsarbeiter, die man unter fadenscheinigen Versprechungen von ihren Inseln weg nach Australien, Kanada oder in die USA lockte und dort oft wie Sklaven arbeiten ließ. Darin waren sie den chinesischen Kulis vergleichbar. Vor allem ist *kanake/kanaka* aber bei den Europäern des 19. Jahrhunderts für jede Art von Bewohner einer Südseeinsel gebräuchlich, egal, ob von Hawaii oder anderswo. In einem deutschen Text taucht das Wort zum ersten Mal 1858 auf. Balduin Möllhausen schreibt in seinem Buch *Wanderungen durch die Prairien und Wüsten des westlichen Nordamerika* über die Bevölkerung von San Francisco: »Man erblickt Californier in ihren Zerapes, Mexikaner mit ihren betreßten Calcineros, und Chilianer mit ihren Sombreros, man erkennt den Kanaken vom Hawai, den Chinesen mit dem langen Zopf, und Goldgräber, deren Physiognomien unter der gebräunten Haut und dem verwirrten Bart kaum mehr herauszufinden sind.« 1904 ist der Ausdruck erstmals als Schimpfwort ohne jeden Bezug zur Südsee nachweisbar. Der Abgeordnete Korsanty berichtet im Reichstag von Schikanen, denen polnische Arbeiter in Schlesien ausgesetzt sind. Ihr Betriebsführer habe sie angeranzt: »Ihr Schweine, ihr Faulenzer, ihr verfluchten polnischen Donnerwetter, ich werde euch polnische Kanaken zu Grunde richten!« Ganz offensichtlich liegt hier eine Vermischung mit »Hanaken« vor. Die Hanaken sind eine Volksgruppe im heutigen Tschechien, damals Mähren. Zu jener Zeit waren sie überwiegend wohlhabende, fleißige Bauern, galten aber wohl auch als dumm. Ihr Volksname wurde ebenfalls als Beschimpfung gebraucht. Im Reichstag zitiert 1913 der SPD-Abgeordnete Daniel Stücklen die Schimpfkanonade, mit der ein Hauptmann Reservisten gedemütigt habe: »Ihr Aster, Schweinepriester, Hanaken, Panduren, Schufte, Säue, Biester, miserable Bestien, Hundsfötter.« Die Vermischung der beiden Wörter erklärt, warum bis zum Zweiten Weltkrieg »Kanake« auch als Schimpfwort für Osteuropäer üblich war. Daneben existiert es aber auch im ganz gutmütigen Sinne von »Depp«, beispielsweise nennt der »Babba« der legendären hessischen Fernsehfamilie Hesselbach seinen Sohn einmal so. Seit Ende der Sechzigerjahre wird es dann fast ausschließlich als Schimpfwort für türkische Gastarbeiter gebraucht. Die Einwohner der ehemaligen französischen Kolonie Neukaledonien nennen sich übrigens selbst »Kanaken«, weil sie sich, bevor die Franzosen kamen, nicht als Volk empfanden und dann die Bezeichnung von den Kolonialherren übernommen haben.

kandieren

Drawidisch // Verb // Häufigkeit *

Zucker schmelzen; mit geschmolzenem Zucker überziehen

Auch wenn Früchte, die kandiert werden, glänzen, hat das Wort überhaupt nichts mit dem lateinischen Verb *candere* (»glänzen«) zu tun.

Um 1400 wurde zunächst »Kandiszucker« in der Form *zocker candith* nach dem italienischen *zucchero candi* oder *zucchero candito* ins Deutsche entlehnt. Darauf beruht das seit dem 16. Jahrhundert existierende deutsche Verb »kandieren« für »kristallisieren, mit Zucker überziehen«. Das Wort hat eine lange Wanderung von Ost nach West hinter sich. Das italienische *candi* geht auf das arabische Adjektiv *qandi* (»aus Rohrzucker«) zurück. Die Araber übernahmen das Wort aus dem Persischen. Dort bedeutet *qand* »Zucker« und rührt wiederum vom altindischen *khandakah* her, einer Bezeichnung für die Zuckerrohrpflanze. Dieses Wort – wie viele andere Bezeichnungen für einheimische Pflanzen – lernten, so vermuten Etymologen, die indogermanischen Einwanderer, die im zweiten Jahrtausend vor Christus von Norden her in den indischen Subkontinent eindrangen, wohl von den drawidische Idiome sprechenden Ureinwohnern, die sie nach Süden abdrängten. Zuckerrohr wurde dort seit etwa 500 v. Chr angebaut. Ebenfalls auf das italienische *zucchero candi* lässt sich das englische Wort *candy* (»Bonbon«) zurückführen; das Bindeglied zwischen England und Italien war Frankreich, wo man vom *sucre candi* sprach.

kaputt

Französisch // Adjektiv // Häufigkeit ***

zerbrochen, nicht mehr heil, zerstört

Wenn das Kondom kaputtgeht, treffen sich zwei alte Verwandte. Denn der Ursprung unseres deutschen Wortes »kaputt« ist das französische Wort *capote/capot* für »Haube«, das in der Umgangssprache des Nachbarlandes auch »Präservativ« bedeuten kann. Das französische Adjektiv *capot* hingegen hat den gleichen Sinn wie bei uns »schwarz« im Skatspielen; die Wendung *être capot* bezeichnet also eine totale Niederlage im Kartenspiel, da man keinen einzigen Stich gemacht hat.

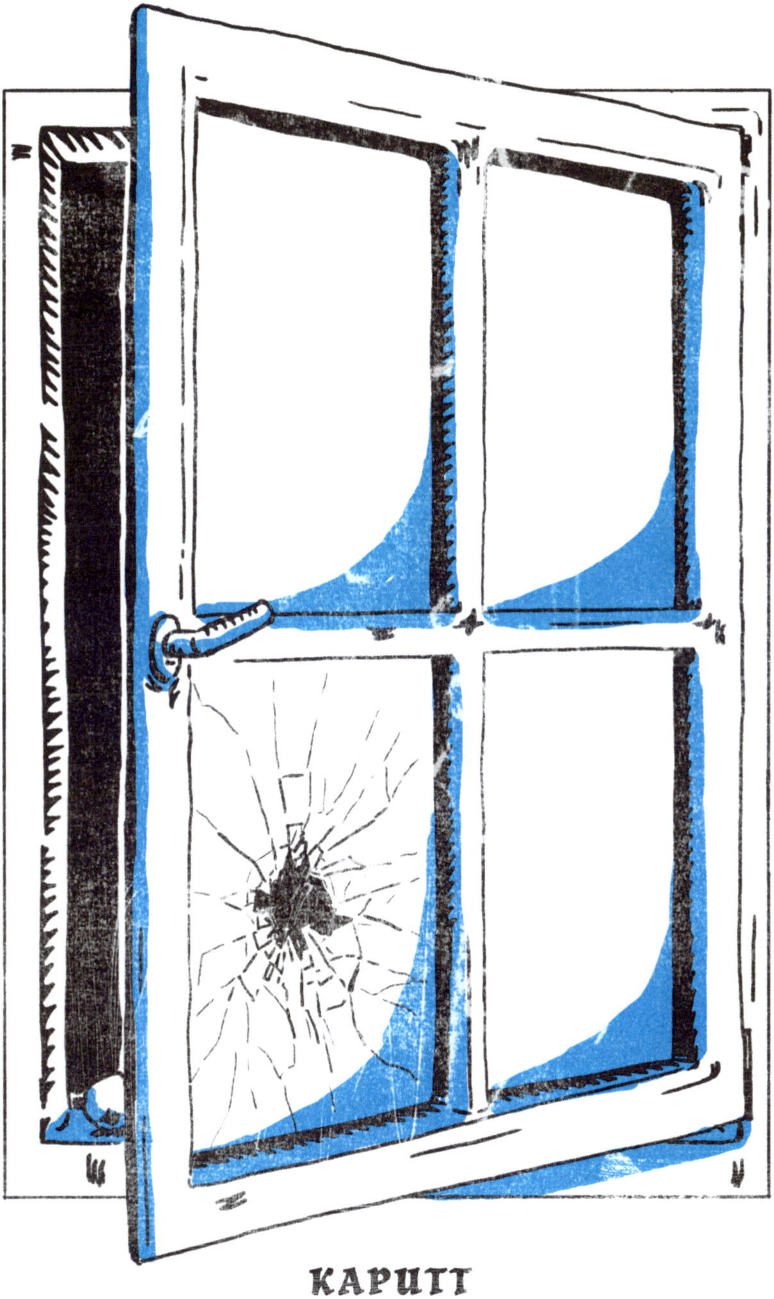

KAPUTT

Die Etymologen nehmen an, dass *capot* auf das spätlateinische *cappa* für eine Art Kopfbedeckung zurückgeht, das auch »Mantel mit Kapuze« bedeuten konnte (das italienische *cappuccio* hängt ebenfalls damit zusammen) – woraus sich die Vorstellung von jemandem ergibt, der mithilfe einer Kapuze über dem Kopf und dem Gesicht unschädlich gemacht wird, ähnlich wie bei früheren Hinrichtungen. Aus dem Bereich des Kartenspiels gelangte der Ausdruck *être capot* beziehungsweise *faire quelqu'un capot* im Dreißigjährigen Krieg, als Soldaten aller möglichen Nationen – darunter auch Franzosen – fast ganz Deutschland zerstörten, als *capot/caput machen* (»zerstören, erschlagen, töten«) in die deutsche Sprache. Das *u* in der zweiten Silbe von »kaputt« entstand möglicherweise durch Anlehnung an *caputiren* (»enthaupten, hinrichten«). Schon im 18. Jahrhundert wird es eingedeutscht mit *k* geschrieben. Eine ironische Wendung der Wortgeschichte ist, dass das ursprünglich französische »kaputt« heute wohl eines der bekanntesten deutschen Wörter ist: »Hitler kaputt!«, riefen die Rotarmisten 1945, und folgerichtig heißt auch eine russische Filmkomödie über die letzten Kriegstage aus dem Jahr 2008 im Original *Gitler kaput!*. Auch der Titel von Curzio Malapartes autobiografischem Roman über seine Erlebnisse im Zweiten Weltkrieg lautete schon im italienischen Original von 1944 *Kaputt*.

Kaschemme

Romani // Substantiv, feminin // Häufigkeit *

üble Spelunke

Der Ausdruck für eine etwas zwielichtige Kneipe ist auf dem Umweg über das Rotwelsche aus dem Romani, der Sprache der Roma, das man früher auch als »Zigeunerisch« bezeichnete, ins Deutsche gekommen. Dort gibt es das Wort *katšima* für »Wirtshaus, Schenke«. Im Deutschen ist es seit dem 19. Jahrhundert nachweisbar. Im *Korres-*

KASCHEMME

pondenzblatt zur Bekämpfung der öffentlichen Sittenlosigkeit wird 1896 über eine »sogenannte Kaschemme« in der Joachimstraße 11 im übel beleumundeten Berliner Scheunenviertel berichtet, die »mit Zuhältern und Dirnen« besetzt gewesen sei. Sie war nicht die einzige Lokalität dieser Art dort. 1911 schreibt der Gerichtsreporter Hugo Friedländer über das Scheunenviertel: »Eine große Anzahl ›Kaschemmen‹, d. h. Restaurationslokale niedersten Ranges, in denen fast ausschließlich Verbrecher, Zuhälter und Dirnen verkehren, gibt es in jener Gegend; sie erfreut sich deshalb nicht des besten Rufes.« Heute residiert unter der Adresse Joachimstraße 11 wieder eine Art Kaschemme: die Chipperfield-Kantine, die öffentliche Kantine des Berliner Büros des britischen Architekten David Chipperfield. Allerdings liegt sie in den ehemaligen Werkstätten hinter dem ursprünglichen Kaschemmenhaus. Das originale Gebäude ist verschwunden, dort sieht man einen geheimnislosen Parkplatz, der – wie die ganze durchgentrifizierte Gegend – nichts über die einstige Gefährlichkeit dieses Ortes verrät. Um die Fantasie anzuregen, muss man zu Schriftstellern wie Alfred Döblin und Hans Fallada greifen, die das Elend des Subproletariats im Berlin der Zwanzigerjahre schildern. Döblin schreibt 1929 in *Berlin Alexanderplatz*: »Wieder raus auf die Straße, Uhre 6, die Weiber stehen da, warten auf ihren Liebsten, gehen mit ihm in die Kaschemme, verspielen ihr Bettelgeld.«

kiffen

Arabisch // Verb // Häufigkeit **

Haschisch rauchen

Kaif bedeutet auf Arabisch »Wohlbefinden«. Im algerischen Argot, der Gauner- und Bettlersprache Frankreichs und seiner Kolonien, wurde daraus ein Wort für den Zustand, der sich einstellt, wenn man Haschisch raucht, und schließlich fürs Haschisch selbst. Das beschreibt schon die Reiseschriftstellerin Elsa von Schabelsky 1896 in ihren *Harem und Moschee* betitelten *Reiseskizzen aus Marokko.* Französische Fremdenlegionäre bringen den Ausdruck *kif* und das Verb *kiffer* dann übers Mittelmeer mit. Zu den ersten deutschsprachigen Texten, in denen *Kif* (»Haschisch«) vorkommt, gehören bezeichnenderweise die Werke von Friedrich Glauser. Der Schweizer Schriftsteller verpflichtet sich auf Druck seines Vaters, der den psychisch instabilen Problemsohn loswerden wollte, 1921 zur Fremdenlegion und tut bis 1923 Dienst in Algerien und Marokko. Dort lernt er das Wort *kif* kennen und verwendet es sowohl in seinem Legionärs-Roman *Gourrama* aus den Jahren 1928–30 als auch in einer der Legionärs-Erzählungen aus den Dreißigerjahren, die sogar den Titel »Kif« trägt. In beiden Texten wird die Praxis des Drogenkonsums beschrieben: Man aß das Haschisch damals, statt es – wie heute meistens – zu rauchen. In »Kif« wird dem Fremdenlegionär im Haus seines Freundes Mahmoud »zwischen dem Araberviertel von Bel Abbès und dem sogenannten ›Village nègre‹ – dem Dorfe der billigen Lust« – eines Tages eine Wasserpfeife gereicht: »›Was ist das, Mahmoud?‹ frug ich. ›Kif.‹ ›Was ist ›Kif‹?‹ ›Man sagt auch Haschisch.‹« Für die Alltagssprache bleibt Glausers Wortimport zunächst folgenlos – die Dreißiger- und Vierzigerjahre waren keine gute Zeit für Kiffer. Mitte des 20. Jahrhunderts wird das Wort dann unter dem Einfluss von Beat-Literaten und der Popkultur noch einmal neu aus dem Englischen entlehnt, in das es bereits im 19. Jahrhundert durch englische Orientreisende gelangte.

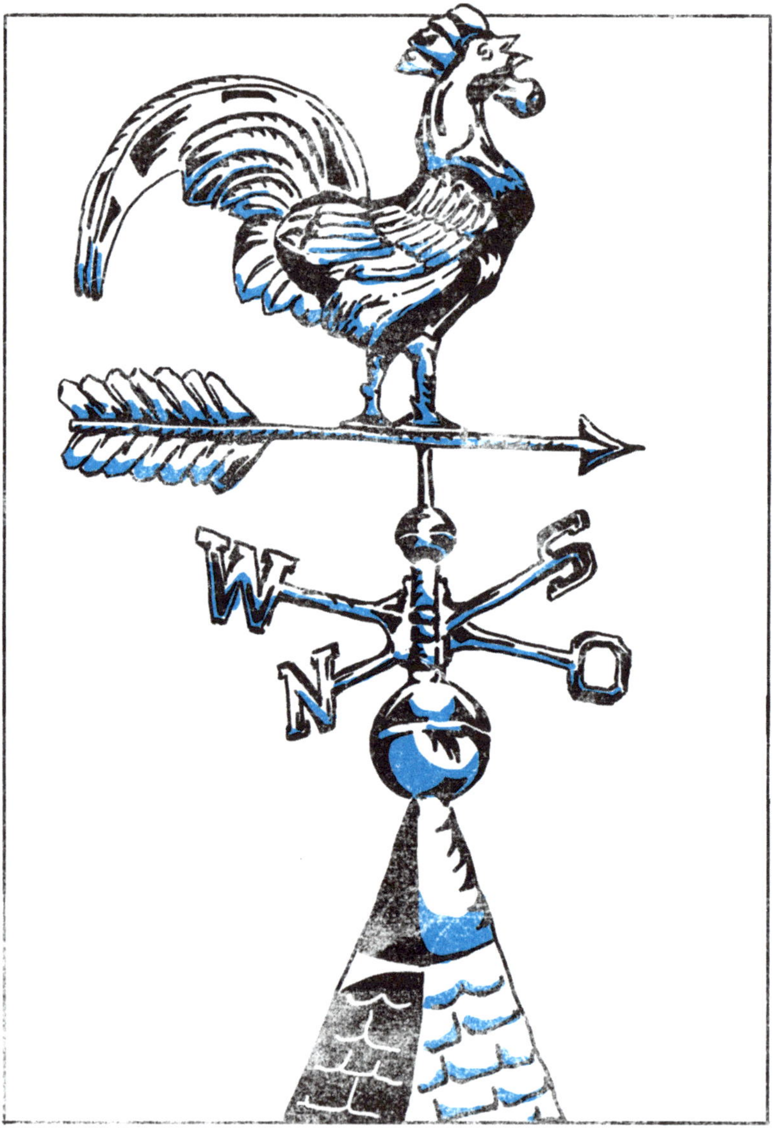

KIRCHE

Kirche

Altgriechisch // Substantiv, feminin // Häufigkeit ****

christliches Gotteshaus

»Als die Römer frech geworden, […] zogen sie nach Deutschlands Norden«, heißt es im Studentenlied. Dort blieben sie bekanntlich nicht lange, nachdem Arminius im Teutoburger Wald die Legionen des Varus vernichtet hatte. Länger hielten sie sich in Germaniens Westen auf, wo der Kaiser Konstantin im 4. Jahrhundert die Städte Divodurum Mediomatricorum (Metz), Colonia Claudia Ara Agrippinensium (Köln) und vor allem seine Residenz Augusta Treverorum (Trier) – mit 80 000 bis 100 000 Einwohnern die größte römische Stadt nördlich der Alpen – mit zahlreichen Bauten schmückte. Dort muss wohl irgendwann im 4. bis 6. Jahrhundert das Wort *kȳriké* als Bezeichnung für ein dem Gottesdienst gewidmetes Haus aus dem Altgriechischen in eine germanische Sprache entlehnt worden sein. Nachweisbar ist es im Alfriesischen in den Formen *kerke* und *zerke* und im Altsächsischen als *kirika* und *kerika*, aber sehr wahrscheinlich ist es zunächst ins Fränkische gelangt und hat sich dann mit der fränkischen Kirchensprache verbreitet. *Kȳriké* ist eine volkssprachliche Nebenform von *kȳriakós*, »dem Herrn gehörig«, das sich aus dem Substantiv *kȳ̓rios* für »Herr, Herrscher«, aber auch für Gott und Christus ableitet. *Kȳriké* ist ein Neutrum; das weibliche Genus bekam das Wort in den germanischen Sprachen durch Anlehnung ans lateinische *basilica* für »Palast, Kirche«. Über das althochdeutsche *kirihha* und das mittelhochdeutsche *kirche* ist dann unser heutiges Wort entstanden, aber auch englisch *church* und niederländisch *kerk* gehen auf das gleiche griechisch-germanische Wort aus grauer Vorzeit zurück.

Kiwi

Maori // Substantiv, feminin // Häufigkeit **

ursprünglich asiatische Beerenfrucht

Die Kiwi ist ein Produkt mehrfacher Hochstapelei: Sie ist eine Chinesin, die als Neuseeländerin ausgegeben wird, und eine Frucht, die man aus Imagegründen auf einen Tiernamen taufte. Ursprünglich stammt die Chinesische Stachelbeere (*Actinidia deliciosa* und *Actinidia chinensis*) aus dem Gebiet von Chinas großem Fluss Jangtsekiang im mittleren Osten des Landes, wo sie nicht angebaut, sondern gesammelt wurde und als *Yang Tao* bekannt war. Die Lehrerin Mary Isabel Fraser, die Missionsschulen in China besucht hatte, brachte erstmals Samen der Frucht in die von ihr geleitete Mädchenschule in Wanganui auf der neuseeländischen Nordinsel. Dort säte sie der Gärtner Alexander Allison im Jahr 1906 aus, und 1910 trugen seine Pflanzen erste Früchte. Ende der Dreißigerjahre entstand auf Neuseeland eine landwirtschaftliche Massenproduktion der mittlerweile auf einheitliches Grün gezüchteten Früchte. In den Fünfzigerjahren begannen die Neuseeländer, die nun *Chinese gooseberry* oder *melonette* genannte Frucht zu exportieren. Weil alles Chinesische während des Kalten Krieges unter Kommunismus-Verdacht stand, entschieden sich die großen Exporteure 1959 dafür, die Frucht mit Verweis auf den längst zum neuseeländischen Wappentier gewordenen Vogel *kiwifruit* zu nennen. So heißt sie heute noch auf Englisch, kein Engländer nennt sie einfach nur *kiwi*. In Deutschland wurde die Kiwi Ende der Siebzigerjahre zur Modefrucht; gerne verzierte man auch die in den Achtzigerjahren so beliebten Cocktails mit Kiwi-Scheiben. Die Frucht Kiwi ist im Deutschen feminin, während der Vogel maskulin ist. Der Name der Gattung flugunfähiger Waldvögel stammt aus der Sprache der Maori, die (wie auch die Europäer und eingeschleppte Raubtiere) die Tiere wegen ihres Fleisches und ihrer Federn jagten und damit dazu beitrugen, dass einige Kiwi-Arten längst ausgestorben sind.

Kokain

Aymara // Substantiv, Neutrum // Häufigkeit **

Rauschdroge, die aus dem Cocastrauch gewonnen wird

Ohne das südamerikanische Volk der Aymara würde Börsenmaklern und Schauspielern etwas sehr Wichtiges in ihrem Leben fehlen: ein Name für die Droge, mit der sie sich für den Job aufputschen. Denn das Wort »Kokain« geht auf die Bezeichnung *coca* für den Strauch *Erythroxylum coca* in der Aymara-Sprache zurück. Auch ihre Nachbarn im südamerikanischen Andenhochland, die Quechua, bezeichnen mit diesem Wort die Pflanze und ihre getrockneten Blätter, die sie seit ewigen Zeiten als Wachmacher, Genussmittel und Medizin gegen die Höhenkrankheit kauen. Auf Deutsch wird die Praxis des Coca-Kauens erstmals in Reiseberichten des späten 16. Jahrhunderts beschrieben. Die ersten Cocasträucher kommen 1750 aus Südamerika nach Europa. Im Winter 1859/60 gelingt es dem Chemiker Albert Niemann in Göttingen, das Alkaloid zu isolieren, das in den Blättern der Sträucher vorkommt. Er nennt es »Kokain«. Der Stoff wird in der zweiten Hälfte des 19. Jahrhunderts als Ersatzdroge für Morphiumabhängige ebenso verwendet wie als lokales Betäubungsmittel und zur Heilung von Heuschnupfen und spastischem Asthma. Der Name Coca-Cola rührt bekanntlich daher, dass die Brause in ihrer Frühzeit geringe Mengen Kokain enthielt und selbst heute nicht-alkaloide Inhaltsstoffe der Cocablätter Bestandteil des Geheimrezepts sind. Noch um 1900 wird Kokain in Schweizer Bergsteigerzeitschriften als Mittel gegen Höhenkrankheit empfohlen. Die Tatsache, dass Cocablätter die Sauerstoffaufnahme verbessern, hatten sich ja auch schon Quechua und Aymara zunutze gemacht. Um 1930 wird »Kokain« im Drogenmilieu zu »Koks« verkürzt; der seit Ende des 19. Jahrhunderts bekannte Berliner Gassenhauer »Mutter, der Mann mit dem Koks ist da« bekommt eine zwielichtige Bedeutung. In dem Horst-Wessel-Roman *Die Fahne hoch* sagt 1933 ein arbeitsloser Schauspieler: »Wenn ich nur hätte verdienen wollen, dann hätte ich ja auch den Liebhaber mit ausgepolsterten Schultern und Menjouschnurrbart spielen können, oder den betrogenen Ehemann, oder den Mann mit dem Koks unter der einsamen Laterne!« Ein Jahr lang schmiedet eine Figur in Hans Falladas Roman *Wer einmal aus dem Blechnapf frisst* kriminelle Pläne mit einem gestohlenen Rezeptblock: »›Da schreiben wir Morphium drauf und Koks und so 'ne guten Sachen und verscheuern das nachher vor den Nachtlokalen.‹« Zum Substantiv wird dann das Verb »koksen« gebildet.

Kotau

Chinesisch // Substantiv, maskulin // Häufigkeit *

Kniefall; unterwürfige Verbeugung

Ein Kotau ist eine Unterwerfungsgeste, mit der der Schwächere sich vor dem Stärkeren demütigt. Ein Artikel auf *Spiegel Online* stellte 2017 in Bezug auf den sehr zerknirschten Auftritt des ehemaligen Volkswagen-Chefs Martin Winterkorn vor Abgeordneten des Bundestages fest: »Den Politikern im Untersuchungsausschuss reicht der Kotau des Managers nicht.« Im September desselben Jahres war in vielen vor allem Merkel-kritischen Medien die Rede davon, die Bundeskanzlerin habe mit ihrer Politik, mit dem Türkei-Flüchtlingsdeal und mit der Handhabung der Anzeige gegen den Fernsehunterhalter Jan Böhmermann einen Kotau vor Staatspräsident Erdogan vollzogen. Historisch gesehen ist ein »Kotau« laut Duden die »(in China früher im Kultus oder vor Respektspersonen übliche) in kniender Haltung ausgeführte tiefe Verbeugung, bei der der Kopf den Boden berührte«. Laut dem *Etymologischen Wörterbuch* von Wolfgang Pfeifer wird der Ausdruck seit etwa 1900 im Deutschen verwendet und »folgt in Schriftbild und Lautung der damaligen Umschrift *kou-tou*«. Schnell wird das Wort auch im übertragenen Sinne auf deutsche Verhältnisse bezogen gebraucht. So berichtet das *Berliner Tageblatt* 1904 darüber, dass vom SPD-Reichstagsabgeordneten Max Schippel ein »Kotau« verlangt worden sei. Es war ein Lieblingsausdruck des einflussreichen Journalisten Paul Liman, eines Propagandisten Bismarcks und scharfen Kritikers Kaiser Wilhelms II., der mit seinen Büchern und Zeitungsartikeln hohe Auflagen erreichte. Wahrscheinlich wurde das Wort im Zusammenhang mit der Errichtung der deutschen Kolonie Kiautschou 1898 und dem Boxeraufstand 1899–1901, an dessen Niederschlagung deutsche Truppen beteiligt waren, hierzulande bekannt.

Lippe

Niederdeutsch // Substantiv, feminin // Häufigkeit ***

weicher, wulstiger Teil des menschlichen Mundes

Der Reformator Martin Luther riskierte bekanntlich gerne eine dicke Lippe – ohne ihn würden wir sagen: »eine dicke Lefze«. Denn dieses Wort, das wir heute nur noch für Tierlippen benutzen, war ursprünglich im Frühneuhochdeutschen das gängige Wort für den fleischigen Rand des menschlichen Mundes. Weil Luther sich aber in seiner Bibelübersetzung für »Lippe« entschied, verdrängte dieses bis zum 17. Jahrhundert allmählich die ältere Form. Der Reformator kannte das Wort aus der niederdeutschen Mundart seines Geburtsorts Eisleben, und auch im mitteldeutschen Dialekt rund um Wittenberg war es üblich. Das Mitteldeutsche war in vielerlei Hinsicht ein Ausgleich zwischen den niederdeutschen Mundarten des Nordens und dem Oberdeutschen des Südens. Deshalb saß Luther für eine Bibelübersetzung genau an der richtigen Stelle. Aber er entschied sich doch für etliche niederdeutsche Wörter, die von den Druckern, die die Bibel im Süden veröffentlichten, zunächst manchmal mit angehängten Listen erklärt wurden – bis sie dann gesamtdeutsches Wortgut wurden. Neben »Lippe« statt »Lefze« waren das beispielsweise die niederdeutschen Be-

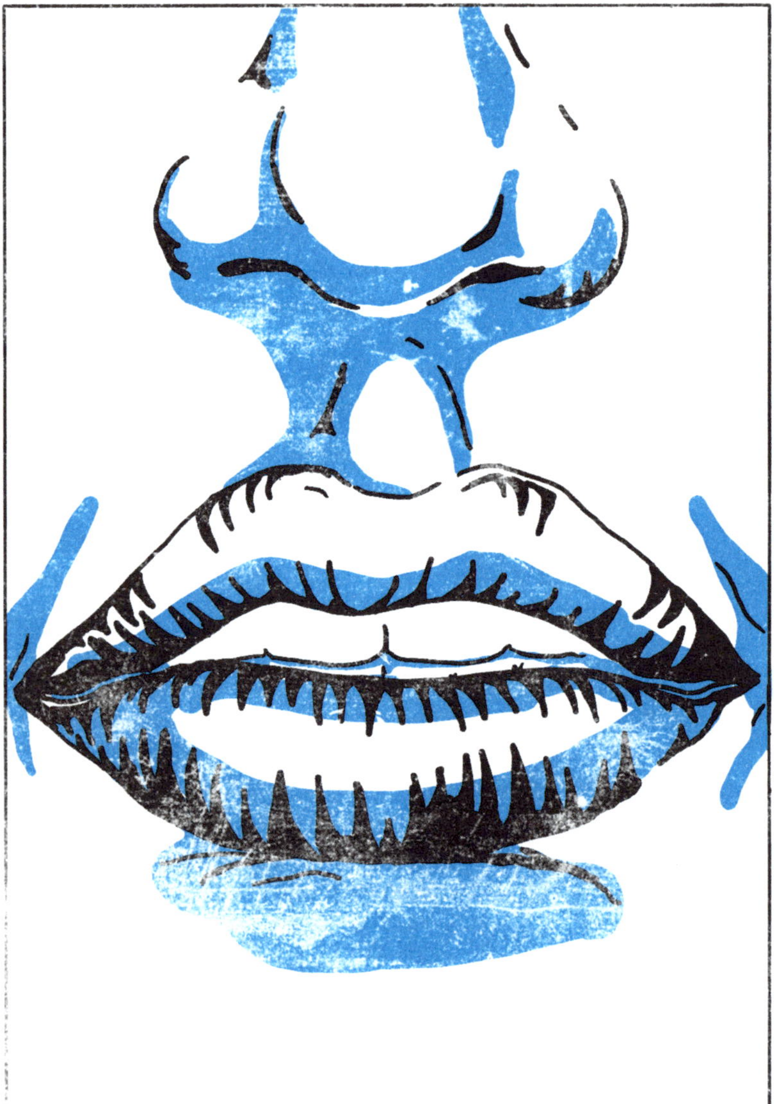

LIPPE

griffe »Hügel« statt »Bühel« und »Ziege« statt »Geiß«. Sie alle stehen nun als unerkannte Fremdlinge in unserer eigentlich süddeutsch grundierten Standardsprache.

Loipe

Norwegisch // Substantiv, feminin // Häufigkeit **

für Skilangläufer präparierte Strecke

Alois Kosch schlägt 1937 in seinem Ratgeber *Zwoa Brettl, a gführiger Schnee. Das große Ski-Einmaleins* folgendes Trainingsprogramm vor: »1. Woche: zweimal 8 bis 10 Kilometer, langsames Tempo, leichte Loipe. 2. Woche: dreimal 10 bis 12 Kilometer, gesteigertes Tempo, mittelschwere Loipe. 3. Woche: zweimal 14 bis 16 Kilometer, gutes Tempo, kurze Spurts, schwere Loipe.« Das Wort für eine »gebahnte Spur« im Skilanglauf wird im 20. Jahrhundert aus dem Norwegischen entlehnt – nach dem gleichbedeutenden *løype*. Ursprünglich war mit *løype* in der Holzwirtschaft eine steile Rutsche aus Schnee für Baumstämme gemeint. Das Substantiv ist nach dem norwegischen Verb *løype* gebildet, welches mit norwegisch *laupe* (»laufen«) und natürlich auch unserem »laufen« verwandt ist. Loipen können auf zwei Arten entstehen: Auf fast natürliche Weise wie Trampelpfade werden sie gebahnt, wenn immer mehr Langläufer der ersten Spur eines Läufers im Neuschnee folgen und damit die Bahn im Schnee verbreitern und verfestigen. In Wintersportorten werden sie aber auch oft mithilfe von Maschinen, die den Schnee erst auflockern und dann zusammendrücken, geschaffen.

Mafia

Sizilianisch // Substantiv, feminin // Häufigkeit **

Verbrecherorganisation

Als Bezeichnung für eine sizilianische Geheimorganisation ist das Wort seit den Sechzigerjahren des 19. Jahrhunderts in deutschen Publikationen nachzuweisen. 1866 heißt es in der Zeitschrift *Globus*: »Im Anfange des Jahres 1865 lebten in Palermo zwischen vier und fünftausend Angehörige des Geheimbundes der Maffia. Alle Mitglieder desselben sind solidarisch verpflichtet, von Betrug oder Diebstahl aller Art zu leben.« Da das Wort auch in englischen, französischen und sogar italienischen Quellen zur gleichen Zeit erstmals auftaucht, scheint die Berichterstattung über die so benannte Organisation damals überhaupt erst begonnen zu haben. Rasch zieht sie internationales Interesse auf sich. Das *Fremdenblatt* schreibt 1875: »Neben dem allgemeinen Staatsgesetz dominieren noch heute in den Provinzen der beiden Sizilien die geheimnisvollen Gewalten der ›Mafia‹ und der ›Cammora‹, unfaßbarer und ungreifbarer als die unsichtbare Gewalt der Jesuiten.« Der Ausdruck *mafia* stammt wohl aus dem Sizilianischen, das manche Linguisten als eine Gruppe von Dialekten des Italienischen, manche gar als eine eigene Sprache ansehen. Sein Ursprung ist rätselhaft. Wirklich populär wird der Begriff erst im Zusammenhang mit Gangsterfilmen und der Berichterstattung über die Mafia in den USA seit den Zwanzigerjahren. Heute kann das Wort in Zusammensetzungen wie »Russenmafia«, »Drogenmafia«, »Organmafia« jede Art von verbrecherischer Organisation bezeichnen.

Mais

Taino // Substantiv, maskulin // Häufigkeit **

Pflanzenart aus der Familie der Süßgräser

Die Taino gehörten zu den ersten indigenen Amerikanern, die mit Weißen Kontakt hatten – und wie allen anderen hat auch ihnen das kein Glück gebracht. Die Volksgruppe, die unter anderem auf den von Christoph Kolumbus zuerst entdeckten Antillen-Inseln Hispaniola (heute Haiti und Dominikanische Republik) und Kuba lebte, galt schon wenige Jahrzehnte nach Ankunft der Spanier als ausgestorben – dezimiert durch eingeschleppte Krankheiten und das Zwangsarbeitssystem, in dem die Spanier sie sich zu Tode schuften ließen. Hinterlassen haben sie der Nachwelt allerdings etliche Wörter, die wir heute noch verwenden: Neben »Leguan«, »Savanne« und »Tabak« ist das vor allem »Mais«. Bei den Taino hatte das Wort, das in allen Sprachen, die zur arawakischen Sprachfamilie gehören, verbreitet war, die Form *mays*. Die Spanier übernahmen den Begriff als *maíz*, und 1520 liest man das Wort erstmals in einem deutschen Text, wo es heißt, die Einwohner der karibischen Inseln hätten »ettlich hennen und machiz der sie sich an stat des brots gebrauchen«. Bis zum 18. Jahrhundert ist noch die Form »Maiz« häufiger als »Mais«. Über einen langen Zeitraum halten sich auch mundartliche Bezeichnungen wie »Indischer Weizen« oder »Indianisches Korn« (wir erinnern uns: Kolumbus glaubte, in Indien angekommen zu sein), aber auch »Heidenkorn«, »Türkisches Korn«, »Türkischer Weizen«. Die letzten drei Ausdrücke verweisen – wie auch das italienische *granoturco* – darauf, dass Mais aus Ungarn und dem teilweise noch türkisch beherrschten Südosten Europas – wo man die von den Spaniern nach Europa gebrachte Pflanze ähnlich wie in Italien schon viel länger anbaute – in den deutschen Sprachraum gekommen ist. Hierzulande blieb Mais bis ins späte 20. Jahrhundert ein klassisches Konserven- und Tiefkühlgemüse, dessen Trägerpflanze die meisten Menschen nur aus Comics oder

Filmen kannten. Bis zu den 1970er-Jahren gab es noch keine Maisfelder in Norddeutschland. Ich selbst habe Maispflanzen zum ersten Mal 1972 in Österreich gesehen.

Mango

Malayalam // Substantiv, feminin // Häufigkeit **

vielseitige Frucht des Mangobaums

Die Mango kommt im 16. Jahrhundert erstmals mit portugiesischen Indienfahrern aus Westindien nach Europa. Die Reisenden bringen auch das Wort für die unbekannte neue Frucht mit. 1510 taucht es in der Form *manga* im Reisebericht *Itinerario* des Italieners Ludovico de Varthema auf, der aufseiten der Portugiesen gegen den Sultan von Calicut gekämpft hatte. 1662 verwendet es dann ein deutscher Söldner in seinen eigenen Indien-Erinnerungen. Johann Jacob Saar, der für die Niederländische Ostindien-Kompanie in zahlreiche Schlachten zog, beschreibt in seinem Werk *Ost-Indianische Funfzehen-Jährige Kriegs-Dienste* verschiedene Festungstypen, die Holländer in Jakarta, der heutigen Hauptstadt Indonesiens, errichtet haben und die nach Edelsteinen benannt sind: »Das vierte der Saphier / welche alle von Steinen / die auf ein drey Meil davon / von den Klippen in etlichen Insulen / gebrochen werden / aufgeführet / abhangige Schieß-Löcher haben / und mit schönen fruchtbahren Bäumen / sonderlich Mangos, und Limonien / besetzt sind.« In den 1840er-Jahren beschreibt Henriette Davidis die Frucht schon in ihrem *Praktischen Kochbuch für die gewöhnliche und feinere Küche*, einem der meistgedruckten Küchenratgeber des 19. Jahrhunderts. Allerdings erwähnt Davidis die Mango als eine Art Gurke, die zu Suppenfleisch und Braten serviert werde. So richtig bekannt als Alltagsfrucht wird die Mango erst durch die Globalisierung des Früchtehandels seit den Siebzigerjahren. Ursprünglich stammt ihr Name in der Form *manna* aus

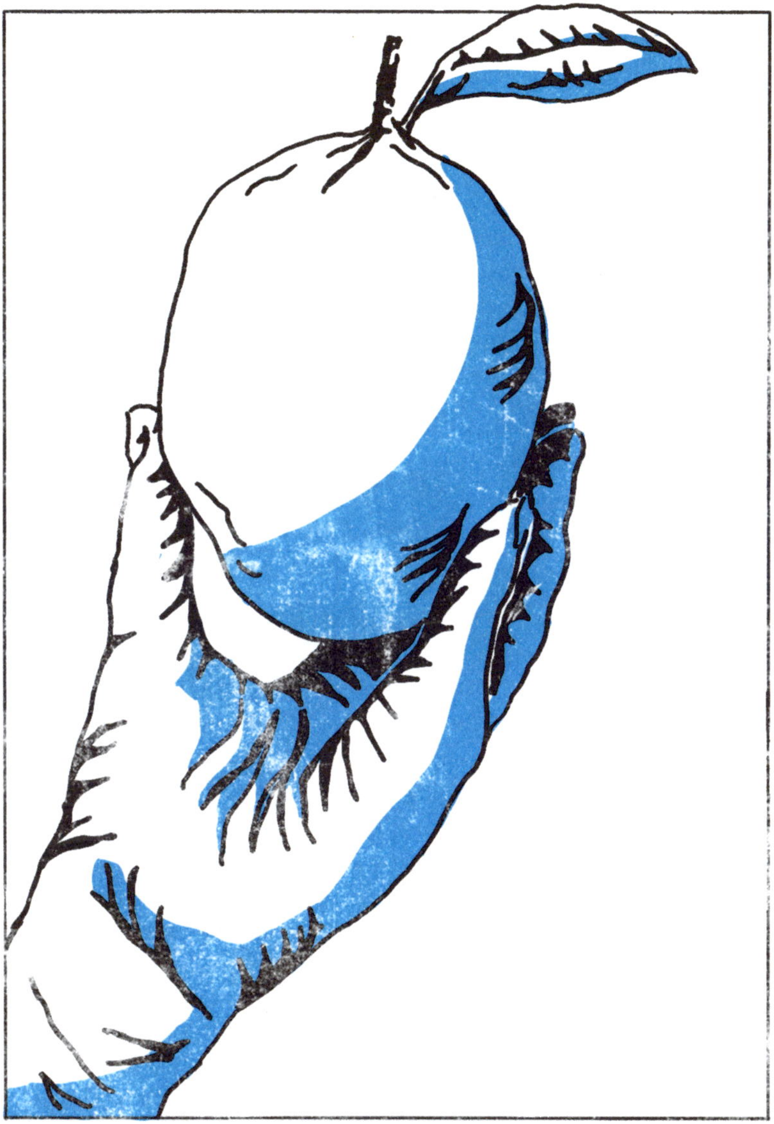

MANGO

dem Malayalam. Das ist eine Sprache aus der drawidischen Sprachfamilie; sie wird von 37 Millionen Menschen, insbesondere im Bundesstaat Kerala an der Südwestküste Indiens, gesprochen, verfügt über eine eigene Schrift und ist eng mit dem Tamil verwandt. Heute ist »Mango« ein Internationalismus – also ein Wort, das wie »Taxi« oder »Nazi« in nahezu jeder Sprache der Welt gleich lautet. Deshalb fand der aus Istanbul stammende Isak Andic wohl, es sei ein passender Name für seine Modefirma, die er 1984 in Katalonien gründete und die heute ein Weltkonzern ist. Aus dem Malayalam kam auch das Wort »Teak« zu uns; dort lautet es *tekka* und bezeichnet die Baumart mit dem wissenschaftlichen Namen *Tectona grandis*.

mies

Aramäisch // Adjektiv // Häufigkeit **

schlecht, übel

Am 11. Mai 1934 kündigte Propagandaminister Joseph Goebbels in einer Rede im Berliner Sportpalast einen »Feldzug gegen Miesmacher und Kritikaster, gegen Gerüchtemacher und Nichtskönner, gegen Saboteure und Hetzer« an. Die Aktion, die sich offiziell gegen allgemein Unzufriedene, Konservative, Monarchisten und Juden richtete und mit Ausschaltung der SA-Führer Röhm & Co. endete, ging direkt auf Hitler zurück. Ob den Nazis bewusst war, dass sie sich dafür eines jüdischen Wortes bedienten? Das Adjektiv »mies« stammt aus dem Jiddischen, wo es »ekelhaft, widerlich, garstig, schlecht, miserabel« bedeutete. In der Kaufmannssprache war ein *mieser Bocher* ein schlechter Käufer. Das Wort geht zurück auf das aramäische *me'īs* (»widerlich«), das Partizip Passiv des Verbs *me'as* für »verachten«. Wie viele andere jiddische Wörter ist auch »mies« zuerst in den Jargon der Tippelbrüder, Hausierer, Zuhälter, Kleinkriminellen gelangt. Der Jurist und Kriminalist Friedrich Christian Benedikt Avé-Lallemant verzeichnet es 1858 in seinem Buch *Das deutsche Gaunertum* und zitiert dabei aus älteren Quellen. Von Berlin aus gerät »mies« dann um 1900 in die allgemeine deutsche Umgangssprache. Der Berliner Volksschriftsteller Otto Julius Bierbaum schreibt 1897 in *Stilpe. Ein Roman aus der Froschperspektive*: »Naturgeschichte ist sehr mies, weil sie auch der Buschklepper hat.« Das von Goebbels gebrauchte »Miesmacher« kommt im Ersten Weltkrieg auf, als Verdeutschung von »Defätist«. Die *Vossische Zeitung* schreibt 1915 angesichts einer Falschmeldung über den Kriegsverlauf: »Wir teilen diese Nachricht mit als Beweis, wie im Auslande gelogen wird, und als Mahnung an unsere Miesmacher, allen Nachrichten aus dem Lager unserer Feinde das größte Mißtrauen entgegenzubringen.« Erst in der zweiten Hälfte des 20. Jahrhunderts gelangen die Redensart »in den Miesen sein« und der Ausdruck »Miese« für »Schulden« in die Allgemeinsprache; zuerst bedeutete »Miese« wohl in der Gaunersprache »Minuspunkte, Verluste beim Kartenspiel«.

Mumie

Altpersisch // Substantiv, feminin // Häufigkeit **

durch Austrocknung konservierte Leiche

Auf Arabisch bezeichnet *mumiya* eine dunkle, zähe Flüssigkeit, die aus der Erde austritt, Pech oder Bitumen. Schon der um 865 gestorbene christliche Arzt Alī ibn Sahl Rabban at-Tabarī sagte der Substanz eine medizinische Wirkung nach. Eine der bekanntesten Quellen dafür soll in Persien gelegen haben; dort regelte der Staat genau, in welchen kleinen Mengen der Stoff – im Farsi *mum* genannt – entnommen werden durfte. Die *Mumiya*-Substanz galt als Mittel, mit dem etwa Knochenbrüche, Quetschungen oder das Spucken von Blut kuriert werden konnten. Durch die von Ordensbrüdern im 10. Jahrhundert gegründete Medizinschule in Salerno (Süditalien), eine Art frühe

Universität – und gewissermaßen die Geburtsstätte der abendländischen Medizin –, wurde der mittellateinische Begriff *mumia* auch in Westeuropa bekannt. Allerdings war damit zu jenem Zeitpunkt schon nicht mehr unbedingt das echte Erdpech gemeint. Denn nach der Eroberung Ägyptens hatten die Araber festgestellt, dass die uralten einbalsamierten Leichen in den Gräbern, die nun massenhaft geplündert wurden, eine dem originalen *mumiya* ganz ähnliche Flüssigkeit enthielten. Möglicherweise war es ein Zersetzungsprodukt von Zedernöl, mit dem der Leichengeruch überdeckt worden war, oder auch einfach Asphalt, den man später, zur Zeit der Römer, zur Einbalsamierung genutzt hatte. Diese Substanz, »Gräbermumie« genannt, wurde nach Europa exportiert, wo man sie neulateinisch *Mumia vera aegyptiaca* nannte. Als die Araber im 16. Jahrhundert den Mumienexport nach Europa verboten, fing man dort selbst an, Mumien aus Leichen herzustellen. Dafür nahm man oft Leichen von Gehängten oder gar Moorleichen. Erst in Europa wird dann der mittellateinische, vor allem aber der italienische Begriff *mummia* im Sinne von »eingetrocknete Leiche« verwendet. Auf Deutsch findet man das Wort zum ersten Mal in der Übersetzung einer italienischen Reisebeschreibung von 1515, wo es heißt, die »*mumia*« sei »aussgedorret menschen flaysch, das braucht man in ertzney«. Seit dem 18. Jahrhundert wird sowohl die »Mumie« als auch die Flüssigkeit so geschrieben wie heute. Andreas Unger konstatiert in seinem Buch über arabische Wörter im Deutschen (*Von Algebra bis Zucker*) hübsch süffisant: »In dem Maße, wie die Verwendung dieses alten Heilmittels aber abnahm, blieb ›eingetrocknete Leiche‹ dann als einzige Bedeutung von (nhd.) *Mumie* (18. Jh.) übrig.«

Nirwana

Sanskrit // Substantiv, Neutrum // Häufigkeit **

Erlöschen der Individualität im Buddhismus, das Nichts

Im Buddhismus nennt man so das Verlassen des Samsara, des Kreislaufs der Wiedergeburten. Weil dieser Zirkel oft mit Leid verbunden ist, wird das Verlassen als Erlösung angesehen. *Nirvāna* bedeutet »Erlöschen« im Sanskrit, einer altindischen Sprache, die um 400 v. Chr. kodifiziert wurde. Buddha, der eigentlich Siddhārtha Gautama hieß (»Buddha« ist ein Ehrentitel), lehrte nur mündlich in der mittelindischen Sprache Ardhamagadh. Ins Deutsche gelangt das Wort »Nirwana« im 19. Jahrhundert. 1808 regt Friedrich Schlegel mit seiner Schrift *Über die Sprache und Weisheit der Indier* hierzulande die Beschäftigung mit dem Sanskrit an, das er für die Ursprache hält, aus der alle anderen hervorgegangen sind. Einer seiner Jünger ist Franz Bopp, der Begründer der indoeuropäischen Sprachforschung. Populär macht das Wort Arthur Schopenhauer, der in seinem Hauptwerk *Die Welt als Wille und Vorstellung* (1819) einen für den Philosophen erstrebenswerten Zustand so nennt: »Das Daseyn, welches wir kennen, giebt er willig auf: was ihm statt dessen wird, ist in unsern Augen nichts; weil unser Daseyn, auf jenes bezogen, nichts ist. Der Buddhaistische Glaube nennt jenes Nirwana, d. h. Erloschen.« Seit den 1830er-Jahren liest man »Nirwana« häufiger in deutschen vergleichenden Religionsschriften, etwa in jenen des Kirchenhistorikers Ferdinand Christian Baur oder im *Kosmos*-Werk Alexander von Humboldts. Oswald Spengler schreibt in seinem einflussreichen Buch *Der Untergang des Abendlandes* von 1918: »Die indische Kultur, deren Idee vom (bramanischen) Nirwana der entschiedenste Ausdruck einer vollkommen ahistorischen Seele ist, den es geben kann, hat nie das geringste Gefühl für das ›Wann‹ in irgend einem Sinne besessen.« Auch Ernst Bloch arbeitet sich in seinem Philosophie-Klassiker *Das Prinzip Hoffnung* in den Vierzigerjahren an dem Begriff ab. Trotz sol-

NORDLICHT

cher hochgeistigen Vorlagen ist »Nirwana« jedoch im Deutschen umgangssprachlich zu einem abwertenden Ausdruck heruntergekommen, der meist im Sinne von »Nichts« oder »Nirgendwo« gebraucht wird. Die *Süddeutsche Zeitung* überschrieb im Januar 2020 einen Kommentar zur Flüchtlingspolitik: »Die EU ist in einem moralischen Nirwana«. Buddhisten und Schopenhauer könnten darin vermutlich nichts Schlechtes entdecken.

Nordlicht

Dänisch // Substantiv, Neutrum // Häufigkeit **

leuchtende Himmelserscheinung auf der nördlichen Erdhalbkugel

Dies ist – neben »Flunder« und »Smörrebröd« (*Smørrebrød*) – eines der Lehnwörter, die wir unseren dänischen Nachbarn verdanken. 1716 liest man es erstmals als Eindeutschung des dänischen *nordlys*. Zunächst gibt es auch noch die konkurrierende Variante »Nordschein«. Die wissenschaftlich korrekte Bezeichnung lautet allerdings »Polarlicht«, da das Leuchten auch um den Südpol herum vorkommt. Diese Leuchterscheinung, die durch angeregte Stickstoff- und Sauerstoffatome in der Hochatmosphäre entsteht, war schon in der Antike bekannt. Bereits eine babylonische Keilschrifttafel berichtet von einem ungewöhnlichen roten Leuchten am Nachthimmel in der Nacht vom 12. auf den 13. März 567 v. Chr. Die Entstehung der Lichter wurde von den frühen Völkern des Nordens mit zahlreichen Sagen und Mythen erklärt. Die Wikinger etwa glaubten, sie rührten von den schimmernden Rüstungen der am Himmel reitenden Walküren her, die nach Schlachten auf der Erde die toten Helden an Odins Tafel versammelten. Das Nord- beziehungsweise Südlicht ist zwar meist in Polnähe zu sehen, kann aber auch in niedrigeren Breitengraden auftreten. 2003 sah man es sogar in Griechenland und auf den Kanarischen Inseln. Im Mittelalter galt es als schlimmes Vorzeichen – ähnlich wie das Erscheinen eines Kometen. Nicht zuletzt deshalb bemühten sich die Aufklärer des 18. Jahrhunderts um wissenschaftliche Erklärungen. Christian von Wolff kommt 1723 in seinem Buch *Vernünfftige Gedancken Von den Würckungen der Natur* der Wahrheit schon sehr nahe, wenn er im Zuge einer sehr korrekten Beschreibung des Phänomens, das »in Norwegen und Eißland [...] alle Jahr gesehen wird«, mitteilt: »Da nun das Nordlicht sich unterweilen eben so zeiget, als wenn die Sonne in Norden aufgehen wollte und darauf der Himmel gleichsam zu brennen anfänget; so brauchen wir auch darzu keine andere Ursache, als daß in unserer Lufft dünne Dünste zerstreuet sind.« Relativ jung ist die Bezeichnung »Nordlicht« für einen Norddeutschen. Sie lässt sich seit den Vierzigerjahren nachweisen. 1948 schreibt die *ZEIT* über Deutsche, die es wegen der bevorstehenden Einführung der D-Mark eilig zurück aus Bayern in ihre Heimat drängt, es seien »den abwandernden ›Nordlichtern‹ etliche bayerische Schüsse nachgefeuert« worden.

Ombudsmann

Altnordisch // Substantiv, maskulin // Häufigkeit **

Schiedsperson, Ansprechpartner für Beschwerdeführer

Das Wort hat sich aus altnordisch *umboð* (»Vollmacht«) entwickelt. Das Amt des Ombudsmannes wird – mitsamt dem Ausdruck – in Schweden 1809 eingeführt und gelangt in den 1960er-Jahren aus Schweden bzw. Dänemark in den deutschsprachigen Raum. Zuvor wurde das Wort bereits im 19. Jahrhundert vereinzelt in deutschen Reiseberichten erwähnt. Gemeint ist eine Schiedsperson, die die Rechte der Bürger gegenüber Behörden, neuerdings auch gegenüber Medien oder Konzernen vertritt. Solche Ämter existieren in allen nordischen Ländern. In der Nachkriegszeit werden solche Institutionen auch in der jungen Demokratie Westdeutschlands geschafffen. Bereits das Amt des Wehrbeauftragten der Bundeswehr wird 1956 nach dem Vorbild skandinavischer Ombudsmänner geschaffen. 1963 wird in Österreich die Einführung solcher Ombudsmänner für Zeitungen im Zusammenhang mit einem neuen Pressegesetz diskutiert: »Heuer war ein Mann aus Dänemark in Wien zu Gast. Er führt den Titel ›Ombudsmann‹, und seine Funktion ist die einer Beschwerdeinstanz für jeden einzelnen Staatsbürger.« Seit etwa 1970 gibt es hierzulande vermehrt Ombudsmänner, später auch Ombudsfrauen. Vorbild dafür waren neben Schweden die USA und Kanada, wo *ombudsmen* in den frühen Sechzigerjahren bekannt wurden. In den Teilen Deutschlands, die früher zu Dänemark gehörten, wirkten Ombudsmänner schon in früheren Jahrhunderten, wie sich dank deutschsprachiger historischer und juristischer Quellen aus Schleswig-Holstein belegen lässt.

opfern

Lateinisch // Verb // Häufigkeit ***

jemanden, etwas oder sich selbst einer Gottheit oder einem höheren Ziel hingeben

Die frühen Germanen waren Meister im Opfern. So wurden etwa die Waffen besiegter Armeen den Göttern zu Ehren im Moor versenkt; aber auch die Angewohnheit, bezwungene Menschen hinzuschlachten, die lange als eine schwarze Legende römischer Historiker abgetan wurde, ist heute durch archäologische Funde belegt. Wie jedoch die Germanen diese Kultpraxis genannt haben, bleibt Spekulation. Das Wort »opfern« für »etwas einer Gottheit darbringen, unter Verzicht spenden, hingeben« kam erst mit dem Christentum auf, und es geht zurück auf das lateinische *operari*, das ursprünglich »arbeiten, beschäftigt sein« bedeutet hatte und im Kirchenlatein den Sinn »Gott ein Opfer bringen, Almosen spenden« annahm. Es gehört zu einer relativ späten Übernahmewelle christlich-lateinischen Wortschatzes. Im 8. Jahrhundert taucht der Begriff in althochdeutschen Quellen als *opharon* auf; er muss aber wohl älter sein, denn die Verwandlung des *p*-Lautes in das *pf*, eine sogenannte Affrikate, kann nur während der zweiten Lautverschiebung stattgefunden haben, die zwischen dem 5. und dem frühen 8. Jahrhundert stattfand und bei der unter bestimmten Umständen etwa aus *p* ein *pf* und aus *t* ein *ts* wurde. Schon im Althochdeutschen entstand aus dem Verb das Substantiv *ophar*. Und im Mittelhochdeutschen wurden beide Wörter bereits so geschrieben wie heute: *opfern*, *opfer*. Mittlerweile ist vor allem dem Substantiv sein einstiger religiöser Sinn völlig abhandengekommen, und es kann seit der Barockzeit beispielsweise als Kurzwort für »Unfallopfer« oder »Kriegsopfer« Menschen bezeichnen, die ohne jede tiefere Sinngebung sterben. »Du Opfer!« ist in der Jugendsprache eine gängige Beschimpfung von Schwächeren. Die Redensart »ein Opfer bringen« bezeichnet meist banalste Akte des Verzichts, und ein »Bauernopfer« kann beim Stühlerücken in den Führungsetagen eines Unternehmens oder einer Partei jemand sein, der seinen Posten loswird, damit jemand anderes aufsteigt. Mit der Schlachtung von Bauern in unterworfenen Gebieten durch germanische Krieger hat das »Bauernopfer« natürlich nichts mehr zu tun – es ist ein Begriff aus dem Schachspiel und bezeichnet dort seit dem 19. Jahrhundert den Trick, die niedrigste Spielfigur hinzugeben, um dem Gegner eine Falle zu stellen und sich selbst eine vielversprechende Position zu verschaffen. Die oben genannte gesellschaftlich-metaphorische Bedeutung hat »Bauernopfer« erst Mitte des 20. Jahrhunderts angenommen.

Orkan

Mayathan // Substantiv, maskulin // Häufigkeit **

starker Sturm

Nachdem die Spanier um 1500 die Inseln Hispaniola und Kuba entdeckt und in Besitz genommen hatten, übernahmen sie vom dort einheimischen Volk der Taino eine Bezeichnung für die sehr starken Stürme, die diese Region häufiger heimsuchten als das spanische Mutterland. Es war der Name des Taino-Sturmgottes *Huracán* oder *Hunrakan*, den die Spanier *Juracán* nannten (im Taino-Namen wurde das *h* wie ein *ch*-Laut gesprochen), woraus sich dann ihr Wort *huracán* entwickelt. Im Deutschen kennt man seit 1669 den leicht veränderten Wortlaut »Orkan«. Schon vorher waren abweichende Formen des neuen, über Umwege aus Amerika importierten Wortes von deutschen Autoren getestet worden: 1534 *Furacan(um)* (nach portugiesisch *furacão*), 1590 *Houragan*, 1668 *Huracan* und *Ouragan* – alles Varianten des französischen Wortes *ouragan* und des spanischen *huracán*. Die Form »Orkan«, die sich schließlich durchgesetzt hat, stammt aus dem Holländischen, der Sprache der im 17. Jahrhundert führenden Seefahrernation. Die Taino haben den Namen des Gottes vermutlich von den Maya auf dem Festland übernommen, in deren überregionaler Schriftsprache – dem Mayathan – er *hunraken* hieß; das bedeutete wörtlich »Einbein«. So nannten die Maya auch das Sternbild des Großen Wagens, dessen Deichsel in dieser Gegend nach unten zeigt. Seine beste Sichtbarkeit fällt mit der Zeit der großen Herbststürme zusammen. Wenig überraschend ist, dass auch das englische, seit Mitte des 17. Jahrhunderts gebräuchliche *hurricane* auf das gleiche indianische Urwort zurückgeht. Der englische Begriff wurde als »Hurrikan« in der ersten Hälfte des 19. Jahrhunderts ins Deutsche übernommen; seit 1914 steht er im Duden. Anders als »Orkan« wird er nahezu ausschließlich für Stürme in Amerika verwendet.

Palaver

Portugiesisch // Substantiv, Neutrum // Häufigkeit *

sehr langes, überflüssiges Gerede

Feuerwaffen und Krankheitskeime haben den Europäern geholfen, Amerika, Afrika und große Teile Asiens zu erobern und dort Kolonien zu errichten. Wenn gerade nicht gekämpft wurde, half aber manchmal auch ein »Palaver«. Vom 18. bis zum frühen 20. Jahrhundert wird der Ausdruck im Deutschen fast ausschließlich mit Bezug auf exotische Weltgegenden gebraucht. In einem englischen Reisebericht aus dem Jahr 1721, der erstmals 1747 auf Deutsch in der Sammlung *Allgemeine Historie aller merkwürdigen Reisen zu Wasser und Lande* gedruckt wurde, heißt es über das von einem König namens Pedro regierte Reich rund um die Stadt Sesthos an der Pfefferküste: »Wie sie in des Königs Stadt kamen: so wurden sie durch einige Hofleute den gewöhnlichen Palaver-Platz geführet oder gestossen, um daselbst zu verziehen, bis sich der König angekleidet hätte, und aus dem Palaste käme, weil er allezeit in Gegenwart des Volcks öffentliche Audienz giebt. Nach einer Stunde kam seine Majestät in Begleitung hundert nackender Edelleute, die alle Toback rauchten; und vor ihm ward ein Horn geblasen.« Dieser erste Beleg zeigt schon, dass »Palaver« diplomatische Rituale und Zeremonien bezeichnete, die die Europäer nicht verstanden. Das Wort hat also ebenfalls eine interessante Reise hinter sich: Es geht auf das portugiesische *palavra* zurück, das aus dem griechischen *parabolē* und dem kirchenlateinischen *parabola* (»Parabel, lehrhafte Erzählung«) entstanden und auch mit »Parole« verwandt ist und »Wort, Sprache, Versprechen« bedeuten kann. Als die Portugiesen im 15. Jahrhundert anfangen, mit Westafrikanern Handel zu treiben, nennen sie so »von endlosem Gerede begleitete Verhandlungen mit der einheimischen Bevölkerung«, wie es im *Digitalen Wörterbuch der deutschen Sprache* heißt. Die Einheimischen übernehmen das Wort und übertragen es auf ihre eigenen Gesprächsrituale,

PALAVER

Gerichtsverhandlungen und Herrscheraudienzen. Im 18. Jahrhundert gelangt es dann über Reiseliteratur in alle europäischen Sprachen, und nicht immer ist denjenigen, die es verwenden, klar, dass es ursprünglich gar kein afrikanisches Wort war.

Pampa

Quechua // Substantiv, feminin // Häufigkeit *

Niemandsland; Gegend abseits städtischer Zivilisation; das flache Land

Die »Pampa« ist in der deutschen Umgangssprache zum Begriff für eine sehr abgelegene Gegend geworden, in der sich niemand gerne aufhält, und hat damit die ältere »Walachei« verdrängt. Der Schriftsteller Helmut Krausser beispielsweise schreibt 2006 in seinem Roman *Eros*: »Stellen Sie sich vor, wir waren irgendwo in der Pampa, alles dunkel ringsumher, sollten wir vielleicht in einem Dorf Zuflucht suchen?« Im November 2019 erklärt der SPD-Co-Vorsitzende Norbert Walter-Borjans: »Wir haben uns von Lobbyisten und falschen Ratgebern in die neoliberale Pampa führen lassen.« Eigentlich bezeichnet *pampa* weite, bis ins späte 19. Jahrhundert hinein von nomadischen Stämmen bewohnte südamerikanische Grassteppen, insbesondere in Argentinien. Dort spielen einige Romane des einst sehr erfolgreichen Abenteuerschriftstellers Friedrich Gerstäcker, was viel dazu beitrug, das Wort hierzulande bekannt zu machen. Auch Charles Sealsfield und Wilhelm Raabe haben es in der zweiten Hälfte des 19. Jahrhunderts verwendet. Zuvor tauchte es nur in Nachschlagewerken wie Zedlers *Universal-Lexicon* von 1732 auf. Das Wort kommt aus dem Quechua, der Verkehrssprache des Inkareiches, der wir auch die Vokabeln »Kondor«, »Alpaka«, »Lama«, »Puma«, »Guano«, »Mate« und »Kautschuk« verdanken. Dort bedeutete *pampa* einfach »Ebene« oder »Feld«. Heute ist das Wort von seinem ursprünglichen geografischen Zusammenhang so losgelöst, dass etwa in einem *ZEIT*-Artikel aus dem Jahr 2000 von der »russischen Pampa« die Rede sein kann und der Schriftsteller Maxim Biller 1990 vom Helden seiner Erzählung »Roboter« schreibt: »Er hatte die polnische Pampa vor sich, diese unendliche Weite.«

Pastrami

Rumänisch // Substantiv, Neutrum oder feminin // Häufigkeit *

Aufschnitt aus Rindfleisch

Diese Bezeichnung für ein gepökeltes, geräuchertes, mit Pfefferkruste versehenes und in dünnen Scheiben auf Sandwiches gelegtes Stück Rindfleisch wurde in den USA populär, stammt aus der jüdischen Küche und klingt italienisch. Aber in Wirklichkeit ist »Pastrami« das wohl einzige rumänische Lehnwort im Deutschen. Im Rumänischen heißt *pastrama* »geräuchertes Fleisch«. Es geht auf das türkische Wort *pastırma* (ursprünglich: »Gepresstes«) zurück, das eine ähnliche Speise bezeichnet. Durch Juden, die im rumänischen Sprachgebiet lebten und sich diesen Brotbelag gerne zu eigen machten, gelangte das Wort als *pastrame* ins Jiddische. Die jüdische Zubereitung sah (wie die türkische) ausschließlich Rindfleisch vor, während die Speise bei den Rumänen durchaus auch vom Schwein stammen konnte. Auswanderer brachten sie in die USA, wo sie 1887 erstmals in einem »Delicatessen« verkauft wurde. Entweder durch die aschkenasische Aussprache von *pastrame* oder – wahrscheinlicher – durch die klangliche Anpassung an »Salami« bekam das Wort schnell seine heutige Form. Pastrami-Sandwiches gelten als typische New Yorker Spezialität. Nachdem der Begriff um 1930 schon mal in einer Reportage von Egon Erwin Kisch und 1965 in der Beschreibung eines New Yorker Happenings des deutschen Fluxus-Künstlers Wolf Vostell aufgetaucht war, gelangt er Ende der Sechzigerjahre dauerhaft ins Deutsche, wird im

Spiegel sowie in Romanen von Jürgen Thorwald und Jeannette Lander erwähnt. Seit den Neunzigerjahren gehört Pastrami zum Angebot jedes besseren Feinkostgeschäfts.

Philharmonie

Griechisch // Substantiv, feminin // Häufigkeit ***

Orchester; Konzertsaal

Ob in Hamburg die Elbphilharmonie oder das Bauwerk von Hans Scharoun in Berlin-Tiergarten – das Wort »Philharmonie« bezeichnet seit der ersten Hälfte des 19. Jahrhunderts einen großen Orchestersaal sowie das darin spielende Orchester. Nachweisen lässt es sich in digitalen Zeitungsarchiven seit den 1830er-Jahren, beispielsweise für die Klosterneuburger Philharmonie. Zur selben Zeit wird dort auch schon ein Orchester namens »Wiener Philharmoniker« erwähnt, obwohl der Klangkörper, den wir heute mit diesem Namen verbinden, offiziell erst im Jahr 1842 gegründet wurde. Die Substantive »Philharmonie« und »Philharmoniker« sind gebildet nach dem etwas älteren Adjektiv »philharmonisch«, einer Neubildung des 19. Jahrhunderts aus den griechischen Wörtern *philós* für »Freund, liebend« und *harmonia* (»Wohlklang, Musik«). Erfunden haben das Wort aber nicht die Griechen, sondern humanistisch gebildete Franzosen. Ihre Schöpfung *philharmonique* ist dann als »philharmonisch« ins Deutsche entlehnt worden.

Pinguin

Walisisch // Substantiv, maskulin // Häufigkeit **

flugunfähiger Vogel der südlichen Polargebiete

Im August 1578 durchquerte die *Golden Hind*, das Schiff, mit dem Sir Francis Drake und seine etwa 80 Mann Besatzung als erste Engländer die Welt umsegelten, die Magellanstraße, die Meerenge zwischen dem südamerikanischen Festland und Feuerland. Am 24. August notierte der Pfarrer Francis Fletcher in seinem Logbuch, »unendlich« sei dort die Zahl der Vögel, die die Waliser *pengwin* nennen. Wenn diese Überlieferung stimmt, dann ist das englische *penguin* möglicherweise eine Entlehnung aus dem Walisischen – von *pen gwyn*, was »weißer Kopf« bedeutet. Gemeint war damit ursprünglich der im 19. Jahrhundert ausgerottete, etwa an den Küsten Neufundlands, Grönlands und Islands lebende Riesenalk mit einem weißen Fleck auf der Stirn zwischen den Augen; die Bezeichnung wurde dann auf den von der *Golden-Hind*-Mannschaft gesichteten Seevogel im Südpolargebiet übertragen. Sicher ist jedoch nur, dass das Wort wenige Jahre nach dem Logbucheintrag Francis Fletchers, um 1600, aus dem Englischen in viele Sprachen entlehnt wird. Im Deutschen taucht es zum ersten Mal 1599 in der Pluralform *pagnies* und 1606 als *pencuius* auf. Die heutige Schreibweise lässt sich erstmals 1631 im Buch *Newe Welt Und Americanische Historien* von Johann Ludwig Gottfried nachweisen.

Plauze

Sorbisch // Substantiv, feminin // Häufigkeit *

Bauch

Heute sprechen in Brandenburg und Sachsen noch etwa 50 000 Menschen Sorbisch. Früher gab es wesentlich mehr Sprecher dieser slawischen Sprache, und sie war auch räumlich weiter verbreitet. Auf Sor-

PINGUIN

bisch heißt »Lungenflügel« *płuco*, der Plural *płuca* bedeutet »Lunge«. In der zweiten Hälfte des 16. Jahrhunderts gelangt das Wort ins Deutsche, wo es die Form »Plautze/Plauze« annimmt. Die frühesten Belege finden sich bei Dichtern mit geografischer Nähe zu slawischen Gebieten, etwa bei Andreas Gryphius (geboren im schlesischen Glogau) und Christian Weise (geboren in Zittau). Der Begriff bedeutet zunächst in der ostmitteldeutschen Umgangssprache »Lunge, Brust«. In seinem Lustspiel *Horribilicribrifax Teutsch* lässt Andreas Gryphius 1665 eine Figur fragen: »Jhr redet von der Plautze / die ich wegtrag itz?« Nach dem Barock wird der Ausdruck als Dialektwort fast 200 Jahre lang aus der Literatursprache ausgeschlossen. Bezeichnenderweise taucht er dann 1887 in Gerhart Hauptmanns Novelle »Bahnwärter Thiel« wieder auf, die im Osten Brandenburgs spielt; hier auch noch klar erkennbar mit der Bedeutung »Lunge«: »Soll sich das elende Wurm die Plautze ausschreien vor Hunger?« In Alfred Döblins Roman *Berlin Alexanderplatz* bedeutet das Wort dann schon eindeutig »Bauch«: »Ein Mensch, der Kraft hat, muß essen. Wenn du die Plauze nicht voll hast, kannste nischt machen.« Heute ist der Sinn des Ausdrucks überregional ganz auf »Bauch« eingeengt, obwohl der Duden noch die Redensart »es auf der Plauze haben« für Atemwegserkrankungen aufführt.

Poncho

Mapuche // Substantiv, maskulin // Häufigkeit *

Umhang in der Art einer Decke mit einem Loch, um den Kopf durchzustecken

In weiten Teilen Südamerikas und vor allem im Hochland der Anden, wo es ziemlich kalt werden kann, trugen Männer früher eine Art Mantel aus einem etwa 1,20 Meter breiten und 1,50 Meter langen Stück Stoff, das in der Mitte eine Öffnung zum Durchstecken des Kopfes hatte. Es war meist einfarbig, seltener gestreift. Die Spanier benannten es nach dem Wort *pontho* für Wollgewebe aus der Sprache der Mapuche, eines indigenen Volkes, das bis heute im Gebiet von Chile und Argentinien existiert. Von dort berichtet der französische Spion Amédée-François Frézier in seinem 1716 erschienenen Buch *Relation du voyage de la mer du Sud*, das 1718 ins Deutsche übersetzt wird: »Die Spanier bedienen sich nunmehr des Chony oder Poncho, und Stifletten oder Polonias zum Reiten, weil der Poncho sie vorm Regen beschirmet [...].« Frézier war es auch, der die chilenische Erdbeere, den Prototyp unserer heutigen Gartenerdbeere, nach Europa brachte. Er hat also unsere Sommer um kühlendes Erdbeereis und unsere Winter um den wärmenden Poncho bereichert. Zur modischen Oberbekleidung wurde der Poncho hierzulande – die eingedeutschte Schreibweise »Pontscho« hat sich nie recht durchgesetzt – um 1970 durch die Vorliebe der Hippies für Ethno-Moden und weil Clint Eastwood dieses Kleidungsstück in Sergio Leones Spaghetti-Western-Trilogie *Zwei glorreiche Halunken*, *Für eine Handvoll Dollar* und *Für ein paar Dollar mehr* trug.

Punsch

Hindi // Substantiv, maskulin // Häufigkeit *

heißes alkoholisches Mischgetränk

Das Getränk besteht aus fünf Bestandteilen: aus Arrak (oder Rum), Zucker, Zitronensaft, Wasser oder Tee (auch Wein) und Gewürzen. Das Wort wurde um 1700 aus dem Englischen entlehnt, zunächst in der englischen Form *punch*, die seit 1632 belegbar ist. Vorher gab es im Deutschen schon *Palepuntz* oder *Palipuntz*, die genau wie das ältere französische *bolleponge* auf dem englischen *bowl of punch* beruhten. Man nimmt an, dass englische Seeleute oder Angestellte der Ostindischen Kompanie das Getränk und das Wort aus Indien mitge-

PUNSCH

bracht haben und seine Bezeichnung vom Hindi-Begriff *pāñč* für »fünf« (nach der Anzahl der Zutaten) herrührt. Das Sanskrit-Wort *pañca*, auf das das heutige Hindi-Zahlwort zurückgeht, ist etymologisch verwandt mit altgriechisch *pente*, lateinisch *quinque* und russisch *pjat*. In Deutschland ist, so wie in anderen europäischen Ländern, das Rezept für Punsch mit unterschiedlichen hiesigen Zutaten variiert worden. In die Literaturgeschichte eingegangen sind der »Bischof« genannte Punsch aus Pomeranzen oder Orangen, Rotwein und Zucker, den die Familie Buddenbrook bei Thomas Mann zu besonderen Gelegenheiten trinkt, und der »satanarchäolügenialkohöllische Wunschpunsch«, mit dem zwei Zauberer in Michael Endes Umweltschutzmärchen versuchen, die Welt zu zerstören.

Putsch

Schweizerdeutsch // Substantiv, maskulin // Häufigkeit **

Umsturz, Staatsstreich

Als 2016 der Staatsstreich gegen den türkischen Ministerpräsidenten Erdogan und seine Partei AKP scheiterte, wurde das Ereignis in italienischen, englischen und französischen Medien als *putsch* bezeichnet. Seine globale Karriere verdankt dieses schweizerdeutsche Wort der unruhigen Zeit in Europa nach dem Ersten Weltkrieg, als überall die Nationen, die Grenzen und die politischen Systeme neu sortiert wurden. Ins Französische ging es 1921 ein, ins Englische schon 1919. So richtig populär wurde der Germanismus in anderen Weltsprachen aber erst durch jenen Mann, der im November 1923 mit seinen Gesinnungsgenossen zur Feldherrnhalle in München marschierte, um die Regierung zu stürzen. Den Hitler-Putsch beschreibt *Collier's* im gleichen Jahr ironisch: »*The Putsch army announces publicly that it will fight to the death, an' barricades itself in a Brauhaus.*« Das Wort »Putsch« ist die Schöpfung eines Landes, das man heute gar nicht mehr mit politischen Unruhen verbindet: In den Vierzigerjahren des 19. Jahrhunderts wird es aus dem Schweizerdeutschen ins Standarddeutsche übernommen. Zugrunde liegt ein seit 1431 bezeugtes mundartliches Wort für »Knall, Schlag«, das schon im 16. Jahrhundert die übertragene Bedeutung »plötzlicher Vorstoß« angenommen hatte. Deshalb heißt »Autoscooter« in der Schweiz *Putschauto*. Gottfried Keller erläutert 1854 in seinem Roman *Der grüne Heinrich*: »Das Wort Putsch stammt aus der guten Stadt Zürich, wo man einen plötzlichen vorübergehenden Regenguß einen Putsch nennt [...].« In der Stadt, schreibt Keller, »begann jene Reihe von blutigen oder trockenen Umwälzungen, Wahlbewegungen und Verfassungsrevisionen, die man Putsche nannte«. Durch diese Unruhen der 1830er-Jahre – vor allem durch den Züriputsch im September 1839, bei dem religiöse und konservative Kräfte gegen die liberale Regierung aufbegehrten – wurde »Putsch« schließlich auch in die Presse des deutschen Reichs katapultiert. Dort verdrängte der Begriff den älteren Ausdruck *coup d'état* und koexistiert heute mit dem gleichbedeutenden »Staatsstreich«. Die Geschichte lehrt übrigens, dass ein niedergeschlagener Putsch keineswegs das Ende einer politischen Schurkenkarriere sein muss. Nach seinem *Beer Hall Putsch* (so wird der Hitler-Putsch von 1923 in der englischen Geschichtsliteratur genannt) kam Hitler bekanntlich ins Landsberger Luxus-Gefängnis. Dort schrieb er *Mein Kampf* und leitete damit sein unseliges Comeback ein. Nach dem Putsch war vor der Machtergreifung.

Rastafari

Amharisch // Substantiv, maskulin // Häufigkeit *

Anhänger der Rastafari-Religion

Der letzte äthiopische Kaiser, Haile Selassie (1892–1975), trug den Titel *Ras*, was in der Landessprache Amharisch »Kopf« bedeutet. Sein

Geburtsname war Täfäri Mäkonnen. Nach ihm benannte sich eine neochristliche Bewegung, die in den 1930er-Jahren in Jamaika gegründet wurde: Rastafari. Ihre Anhänger halten den Kaiser für göttlich. Das Wort »Rastafari(s)« kam in den Siebzigerjahren mit Reggae-Musik nach Deutschland und wurde rasch auch in der Kurzform »Rasta(s)« verwendet. Die charakteristische Haartracht der Rastafaris bezeichnet man auch als »Rastalocken« oder »Rastazöpfe«. Als Kaiser Haile Selassie 1936 von den Italienern aus seinem Land vertrieben wurde, schworen die Rastafaris, sich die Haare nicht mehr schneiden zu lassen, bis er zurückkehren würde. Als er 1941 wieder seinen Thron bestieg, waren die Dreadlocks – wie sie korrekt heißen – längst zum Gruppenzeichen geworden, das man nicht mehr missen wollte. In Europa und Nordamerika sind die Rastazöpfe mittlerweile ein von der religiösen Bedeutung losgelöstes reines Modephänomen. Die Schauspielerin Bo Derek, die in den Achtzigerjahren als Sexsymbol galt, kreierte mit ihren blonden Flechtzöpfen in der Filmkomödie *Zehn – Die Traumfrau* einen Look, den viele Frauen nachahmten (allerdings handelte es sich dabei nicht um echte Rastafari-Filzlocken). In den späten Achtzigerjahren sah man dann immer häufiger auch weiße Männer mit Dreadlocks. Das war vermutlich auf den Einfluss der amerikanischen Hardcore-Reggaeband Bad Brains zurückzuführen. Heute setzt sich ein Weißer, der Rastalocken trägt, leicht dem Vorwurf der »kulturellen Aneignung« aus.

Roboter

Tschechisch // Substantiv, maskulin // Häufigkeit ***

menschenähnliche Maschine

Dies ist eines der recht seltenen Wörter, die tatsächlich von Literaten erfunden wurden. Karel Čapeks Drama *R. U. R.* entstand 1920; es geht darin um die Firma Rossum's Universal Robots, die künstliche Men-

ROBOTER

schen herstellt. Čapek nutzte für diese Erfindung den Begriff *robota*, der seit dem späten Mittelalter im slawisch-deutschen Grenzgebiet in der Bedeutung »Fronarbeiter« gebräuchlich gewesen, gegen Ende des 19. Jahrhunderts jedoch in Vergessenheit geraten war. Der Übersetzer Otto Pick ersetzte 1922 das Suffix *-a* durch die im Deutschen für Nomina Agentis übliche Endung *-er*. Als Urheber des Wortes *robot* in Čapeks Drama gilt heute nicht der Autor selbst, sondern sein Bruder Josef Čapek, der ebenfalls Schriftsteller, aber auch ein Maler war.

Der Roboter wurde seit den Zwanzigerjahren nicht zuletzt durch den Auftritt der künstlichen Frau Maria in Fritz Langs Film *Metropolis* zum Inbegriff der Befürchtung, die Technik könne die Seele der Menschen rauben. Die Band Kraftwerk feierte 1978 mit ihrem Lied »(Wir sind …) Die Roboter« diesen Zustand technoider Seelenlosigkeit ironisch als Befreiung – das war natürlich eine Provokation in Richtung der Linken und Hippies, die in den Siebzigerjahren häufig in die damals so genannte »neue Innerlichkeit« abgedriftet waren.

rodeln

Rätoromanisch // Verb // Häufigkeit *

Schlitten fahren

Bevor das Wort in Vergessenheit gerät, weil es im Winter sowieso nicht mehr schneit, muss schnell noch dessen Etymologie geklärt werden. Sicher ist, dass »rodeln« sich Mitte des 16. Jahrhunderts zuerst im bairischen Sprachraum nachweisen lässt. »Bairisch« meint in der Sprachwissenschaft ein Dialektgebiet, zum dem nicht nur Bayern, sondern auch Österreich und Südtirol gehören. Erst um 1900 gelangt »rodeln« mit dem Aufkommen des Wintersports ins Standarddeutsche. Der 1893 vollendete 14. Band des Grimm'schen Wörterbuchs verzeichnet den Ausdruck noch nicht. Die Herkunft des Wortes wird in den großen etymologischen Nachschlagewerken »rätselhaft« genannt. Bestenfalls wird ein Zusammenhang mit dem in süddeutschen Mundarten gängigen »rodeln« für »sich wälzen« vermutet. Ähnliches nahm auch der Etymologe Franz Harder an, dessen wundervolles, im frühen 20. Jahrhundert Bestsellerstatus erlangendes Buch vom *Werden und Wandern unserer Wörter* mir sehr geholfen hat. Doch er ging noch weiter zum Ursprung zurück: Seiner Ansicht nach kommt »rodeln« aus dem Ladinischen. Das ist eine romanische Sprache, die sich aus dem Vulgärlatein entwickelt hat und einst im Alpenraum wesentlich verbreiteter war als heute, wo sie nur noch in einigen Alpentälern Norditaliens und Südtirols von etwa 30 000 Menschen gesprochen wird. Dort, so der Berliner Etymologe, bedeute *rodella* »Rad« und *ir a rodella* »hinunterkollern«. Zu Harders Zeiten wurde allerdings noch nicht genau zwischen dem Ladinischen und dem Bündnerromanischen unterschieden. Beide gehören, wie das Friaulische, zur Gruppe der rätoromanischen Sprachen, und die Terminologie wird dadurch kompliziert, dass das Bündnerromanisch unter dem Namen »Rätoromanisch« eine der offiziellen Schweizer Landessprachen ist. Im Schweizer Kanton Graubünden wird es noch von knapp 70 000 Leuten gesprochen, und dort gibt es tatsächlich Wörter, die als Urform unseres »rodeln« infrage kommen: »rollen« heißt *rullar, rudlar*, und für »er rollte den Abhang herunter« sagt man im Engadin: »*L'es gnü a rodellas da la costa giò.*« Wahrscheinlich ist eine solche Übernahme, weil Ladiner, Bündner und Bajuwaren seit Jahrhunderten nebeneinander im Alpenraum leben – und Letztere die Ersteren immer mehr verdrängten bzw. ihnen ihre Sprache vermachten. Dabei gelangten dann manchmal Wörter aus dem Idiom der Marginalisierten in die Sprache der Marginalisierer. Wie wir gesehen haben, stammt auch »Gletscher« aus einer rätoromanischen Sprache.

Sack

Assyrisch // Substantiv, maskulin // Häufigkeit ***

Behälter aus Stoff zum Transportieren oder Aufbewahren von Waren und Schüttgut

Ohne die Assyrer und Babylonier des ersten und zweiten vorchristlichen Jahrtausends könnten wir uns nicht auf den Sack gehen und auch nicht die Katze im Sack kaufen. Die Amtssprache in den Reichen der Assyrer und Babylonier war Akkadisch, das zur semitischen Sprachfamilie gehörte. Die meisten Keilschrifttafeln sind in akkadischer Sprache geschrieben, und sie war zeitweilig auch das Medium der internationalen Korrespondenz im Raum zwischen Ägypten und Mesopotamien. Die beiden Hauptvarianten des Akkadischen waren Assyrisch und Babylonisch. In den ersten nachchristlichen Jahrhunderten starben diese Dialekte aus, aber das Assyrische hat uns das Wort »Sack« hinterlassen. Die Phönizier, die große Handelsmacht des Mittelmeeres, hatten einen großen Bedarf an Säcken. Sie übernahmen dafür das assyrische Wort *šaḳḳu*. Schon im Phönizischen und auch im Hebräischen verlor das Wort seine volltönende Endsilbe und lautete nur noch *śaq*. Die Griechen, die mit den Phöniziern Handel trieben, machten daraus ihr *sákkos*; bei den Römern wurde es zu *saccus*. Im Zuge des frühen römisch-germanischen Handels gelangte der Begriff nach Norden zu den Germanen; die Goten sagten *sakkus*, und im Althochdeutschen ist er dann um 800 als *sac* belegt. Schon früh fiel auf, dass sich die Wörter für einen länglichen Behälter aus Stoff in vielen Sprachen sehr ähnelten. Im 17. Jahrhundert ließ der katholische Prediger Abraham a Santa Clara in einer Predigt in Wien verlauten, die Rabbiner hätten gelehrt, »Sack« sei das einzige Wort, das bei der Sprachverwirrung während des Turmbaus zu Babel allen gemeinsam geblieben sei. Zu verdanken sei dies einem Wutanfall des Chefarchitekten: »[…] dann als der Obriste Baumaister auß Ungedult umb seinen Sack [*gemeint war ein Reisesack; M. H.*] geschryen / willens mit demselben hinweg zu gehen / also hat ein jeder das Wörtl Sack verstanden / und also nach seinem Sack geeylet: dahero das Wörtl Sack in allen Sprachen gleich [...].« Ab dem 17. Jahrhundert nannte man auch eine Straße, die nur einen Ausgang hat, »Sack«; in vielen Städten findet sich heute noch dieser Straßenname. Erst im 18. Jahrhundert kam das erläuternde »Sackgasse« auf. Vom Hodensack spricht man seit dem 17. Jahrhundert, die Kurzform »Sack« dafür ist ab ca. 1800 nachweisbar, aber vermutlich älter. Schon Luther nannte den Menschen einen »faulen Sack« – er spielte damit aber vielleicht eher auf die Vergänglichkeit des menschlichen Körpers an, die auch im Barock mit dem schönen Begriff »Madensack« umschrieben wurde. Wegen dieser Bedeutungsentfaltung eines so schlichten Wortes kann es einem Menschen heute ziemlich auf den Sack gehen, wenn er mit lauter faulen Säcken in einer beruflichen Sackgasse steckt.

Sauna

Finnisch // Substantiv, feminin // Häufigkeit **

Dampfbad

Vereinzelt war schon zu Beginn des 20. Jahrhunderts in Literatur über Finnland von dieser Institution die Rede. Die erste Sauna gab es in den Zwanzigerjahren in Berlin. Das *Deutsche Wörterbuch* von Hermann Paul hebt hervor, dass das Wort (von finn. *sauna* für »Heißluft-Schwitzbad«) und die Sache erst durch die finnische Sauna im Olympiadorf 1936 in Deutschland bekannter geworden seien; dieses Dorf war damals im brandenburgischen Wustermark, etwa 18 Kilometer westlich des Berliner Olympiastadions, errichtet worden. Schon 1938 heißt es in der NS-Propagandaschrift *Freude und Arbeit*: »Die Sauna des Finnen ist mittlerweile selbst für Westeuropa ein Begriff geworden. Man kennt sie ja auch schon bereits in den deutschen Großstädten.« Daraufhin wird das Wort 1941 in die zwölfte Auflage des Dudens aufgenommen. Mit Bertolt Brechts Stück *Herr Puntila und sein Knecht Matti*, das in Finnland spielt, geht der Begriff 1948 in die Literatursprache ein. Erich Kunze nennt ihn 1970 in einem Aufsatz für die *Neuphilologischen Mitteilungen* »wohl das erste und einzige finnische Wort, das im heutigen Deutsch Heimatrecht erhalten hat«. Die Verben »saunen« und »saunieren« gibt es seit den Fünfzigerjahren. Sie konkurrieren bis heute miteinander, genauso wie die Pluralformen »Saunen« und »Saunas«, die der Duden beide zulässt.

Schamane

Ewenkisch // Substantiv, maskulin // Häufigkeit *

spiritueller Spezialist in Naturreligionen

Peter der Große von Russland war bekanntlich ein großer Holland-Freund. Der Diplomat Nicolaas Witsen gehörte zu den niederländischen Spezialisten, von denen sich der Zar beim Aufbau seiner Marine beraten ließ. Hilfreich dabei dürfte gewesen sein, dass Witsen 1664/65 mit einer Gesandtschaft Russland bereist hatte. Dabei war er bis Sibirien gekommen, von dem er 1687 die erste westeuropäische Karte veröffentlichte. 1692 publizierte er das Buch *Noord en Oost Tartarije*, in dem er seine gesammelten landes- und völkerkundlichen Erkenntnisse zusammenfasste. Darin findet sich nicht nur die erste Beschreibung von Schamanen verschiedener sibirischer Volksstämme, sondern auch ein recht akkurater Kupferstich, der einen dieser »Teufelspriester« (so nannte Witsen sie) in einer typischen Kluft zeigt: mit einer Geweih-Kopfbedeckung und einer Fellbekleidung, wodurch er vermutlich Kontakt zu Hilfsgeistern in Tiergestalt aufnehmen wollte, dazu mit einer Trommel, um sich durch Rhythmus in Trance zu versetzen. Der Ausdruck »Schamane« stammt aus einer tungusischen Sprache und bedeutete wörtlich »jemand, der erregt, bewegt, erhoben ist«. Lautlich ist das ewenkische *šaman* der wahrscheinlichste Kandidat für den Ursprung des deutschen Wortes und ähnlicher Begriffe in anderen europäischen Sprachen. Als man sich Ende des 18. Jahrhunderts für vergleichende Religions- und Kulturgeschichte zu interessieren beginnt, wird das Wort häufiger in deutschen Texten gebraucht. Allerdings auch auf ziemlich unsinnige Weise. In *August Ludwig von Schlözers* [...] *Vorstellung seiner Universal-Historie* von 1772 ist zu lesen: »Schamanen sind, Hr. H. nehme mirs nicht übel, eine Art von Bettelmönchen und Waldbrüdern jenseits dem Ganges.« Johann Gottfried Herder ist sich 1777 sicher: »Tyrtäus Kriegsgesänge sind griechische Balladen, und wenn Arion, Orpheus, Amphion lebten, so waren sie edle griechische Schamanen.« Ab dem 19. Jahrhundert wird das Wort dann auf Naturheiler aller möglichen indigenen Kulturen auf verschiedenen Kontinenten übertragen. Der Völkerkundler Oscar Peschel nennt so diverse priesterartige Funktionsträger bei den Fidschi-Insulanern, bei Indianern und Stämmen auf Borneo. In diesem erweiterten Sinne wird das Wort bis heute gebraucht. Der Aufschwung neoheidnischer Religionen und esoterischer Praktiken seit den Siebzigerjahren hat dafür gesorgt, dass es weit über ethnologische Fachkreise hinaus bekannt wurde. Wer »Schamane« googelt, findet unter den ersten vier Ergebnissen drei Werbe-Websites für schamanistische Heilpraxen in der näheren Umgebung.

Schlawiner

Slowenisch // Substantiv, maskulin // Häufigkeit *

Hallodri, Filou, Mensch mit dehnbarer Moral

Dies ist das interessante Beispiel eines Ausdrucks, der als fremdenfeindliches oder gar rassistisches Schimpfwort in die deutsche Sprache einging und nach langen semantischen Mutationen heute nur noch liebevoll gebraucht wird. Die Duden-Definition lautet »schlauer, pfiffiger Mensch«; das *Digitale Wörterbuch der deutschen Sprache* ist schon etwas näher an der alten negativen Bedeutung, wenn es den Sinngehalt mit »pfiffiger, unzuverlässiger Mensch, gerissener, kleiner Gauner« angibt. Der Duden vermutet, das Wort sei »ursprünglich österreichisch«. Aber »Schlawiner« ist sehr wahrscheinlich um 1900 in München entstanden. Die frühesten auffindbaren Belege des seit 1905 nachweisbaren Wortes stammen alle aus der bayerischen Hauptstadt, sind teilweise in Mundart geschrieben, und von den Zeitgenossen wird »Schlawiner« auch ausdrücklich als Münchner Wort bezeichnet. Sogar die ersten Belege in österreichischen Zeitungen zitieren Münchner Blätter wie den *Simplicissimus* oder nennen München »das Eldorado aller Schlawiner« (so 1906 im Wiener Witzblatt *Kikeriki*). Der Bayer bezeichnete als »Schlawiner« die Angehörigen der Schwabinger Boheme, insbesondere alle Balkan-Bewohner, die in der Stadt Zuflucht gefunden hatten. Diese Menschengruppe löste aus zweierlei Gründen Befürchtungen und Widerwillen aus: Sie galten zum einen als deutschfeindlich und russlandfreundlich, zum anderen als arme Schnorrer und Halsabschneider im geflickten Anzug. Hintergrund dieser misstrauisch beäugten Zuwanderung waren die Nationalitätenkonflikte auf dem Balkan: Die südslawischen Nationen wollten sich von der Oberherrschaft Österreich-Ungarns und des Osmanischen Reichs befreien. Beide Reiche sahen solche Agitatoren in ihren Vielvölkerstaaten nicht gerne. Serbien z. B. war zwar seit den 1880er-Jahren ein unabhängiges Königreich, aber die Gemetzel zwischen den innenpolitischen Fraktionen trieben viele aus dem Land. Weil München für Migranten vom Balkan die wichtigste Anlaufstelle war und diese als dunkel empfundenen Gestalten hier allgegenwärtig in den Cafés über Plänen brüteten, wurde der »Schlawiner« bald zu einer beliebten Figur in der humoristischen Presse. Eine Zeichnung von Richard Graef im *Simplicissimus* vom 30. April 1906 mit dem Titel »Schlawiner« zeigt einen Mann mit schwarzem Bart, der zur Kellnerin im Café mit deutlichem slawischen Akzent sagt: »Fräulein, brinken Sie mich Kaffee mit Silberlöffel.« Bei »Schlawiner« handelt es sich um eine Verballhornung von »Slawonier« (einem älteren Ausdruck für »Slowene«). Je häufiger »Schlawiner« gebraucht wurde, desto mehr verblasste im Verlauf des 20. Jahrhunderts der ethnische und regionale Vorstellungsinhalt des Wortes und es nahm die heutige weitere Bedeutung an. Es kann mittlerweile geradezu ein Ehrentitel sein. Als der Schauspieler Henry Hübchen 70 Jahre alt wurde, sendete die Deutsche Presseagentur ein Porträt mit dem Titel »Schlawiner mit Charme«.

Schmetterling

Tschechisch // Substantiv, maskulin // Häufigkeit **

tagaktives Insekt aus der Ordnung der Lepidoptera

Das deutsche Wort und sein englisches Pendant *butterfly* haben mehr gemein, als man denkt. Beiden liegt ein alter Aberglaube zugrunde, wonach Hexen die Gestalt von Schmetterlingen annehmen, um Milch- und Buttervorräte zu stehlen. Auf diese unheimliche Vorstellung beziehen sich manche der zahlreichen Bezeichnungen des Insekts in alten deutschen Mundarten: »Buttervogel«, »Molkendieb«, »Schmandlecker«, »Botterlicker«, »Molkentöwer« (der zweite Bestandteil leitet sich vom mittelniederdeutschen *töver(er)* für »Zauberer« her). Der in ostmitteldeutschen Mundarten vorkommende Begriff »Schmetten« bedeutet »Sahne« oder »Rahm«. Es stammt vom tschechischen *smetana* (»Sahne«) ab. Aus dem Wort »Schmettenling« wurde dann wohl durch Dissimilation – so nennt man es in der Phonetik, wenn zwei benachbarte Konsonanten im Laufe der Sprachgeschichte unähnlicher werden – das heutige »Schmetterling«. Zum ersten Mal lässt es sich um 1500 in Leipzig in der Form »Schmetterlinck« nachweisen. 250 Jahre lang bleibt es weitgehend auf in Sachsen veröffentlichte Bücher beschränkt. Erst gegen Mitte des 18. Jahrhunderts gelangt das heutige Wort in die überregionale neuhochdeutsche Literatursprache,

SCHMETTERLING

und Dichter wie der Hamburger Barthold Heinrich Brockes, der Pommer Ewald Christian von Kleist und der Zürcher Salomon Gessner verwenden es nun auch.

schmusen

Jiddisch // Verb // Häufigkeit *

küssen, Zärtlichkeiten austauschen

Ein interessantes Beispiel dafür, dass ein Ausdruck, der in seiner Ursprungssprache negativ ist, in einer anderen Sprache einen liebenswürdigen Sinn annehmen kann. Im Jiddischen und in der jüdischdeutschen Umgangssprache hatten *Schmu* für »Gewinn, den man mit kleinen Schwindeleien und Unterschlagungen macht«, *Schmus* für »Unsinn, leeres Gerede« und die vielen aus diesen beiden Wörtern entstandenen Zusammensetzungen, wie »Schmugroschen«, »Schmukreuzer«, »Schmugeld«, »Schmulappen« (»Stoff, den der Schneider durch äußerst sparsames Zuschneiden für sich selbst gewinnt«), allesamt einen abwertenden, bestenfalls bewundernd die Gerissenheit anerkennenden Ton. Das galt ursprünglich auch für das jüdische *schmusen*, das »leere Reden führen, Unsinn schwatzen« bedeutete. Daraus ist dann in den 1920er-Jahren über die Zwischenbedeutung »sich anbiedern« in der allgemeinen Umgangssprache der Sinn »liebkosen« entstanden. Etymologisch betrachtet sind all diese Wörter auf das hebräische *šemūʼah* für »Erzählung, Kunde, Gerücht« zurückzuführen. Das »Schmusetier« im Allgemeinen und die »Schmusekatze« im Besonderen gibt es seit den 1970er-Jahren. Den »Schmusekurs« zwischen zwei eigentlich politisch entgegengesetzten Gruppen, die sich vorübergehend tolerieren oder verbünden, nennt man seit den 1980er-Jahren so.

schnorren

Rotwelsch // Verb // Häufigkeit *

jemand, der sich kleine Geldbeträge erbettelt oder anderswie erschleicht

Die Schnurrpfeife war ein einfaches Blasinstrument, das lautmalerisch nach seinem Klang benannt war – heute *schnurrt* fast nur noch die Katze, aber früher konnte auch der Wind, ein vorbeieilender Reiter oder ein Pfeil, der vom Bogen flog, das mit »Schnurren« bezeichnete Geräusch verursachen. In manchen Mundarten wurde das Verb auch »schnorren« geschrieben. Da Bettelmusikanten im Mittelalter und in der frühen Neuzeit oft mit Schnurrpfeifen aufspielten, wurde daraus im Rotwelschen und Jiddischen *schnorren/schnurren* für »betteln, bettelnd und stehlend umherziehen«. Von dort gelangte der Ausdruck in verschiedene Mundarten und schließlich auch in die Literatursprache. Goethe lässt in seinem bewusst umgangssprachlich geschriebenen Sturm-und-Drang-Drama *Götz von Berlichingen* einen Bauern sagen: »Reitersmänner vom Ansehn; dergleichen Volk schnorrt das ganze Jahr im Land herum, und schiert die Leut was tüchtigs.« Daraus entsteht dann im 19. Jahrhundert das Substantiv »Schnorrer«, das oft mit einem antisemitischen oder fremdenfeindlichen Ton gebraucht wird. So klagt ein Autor im *Frankfurter Journal* am 6. Oktober 1871: »Der Zuzug von Schnorrern aus Polen wird in Frankfurt mit jedem Tag ärger.« Daneben existiert zu jener Zeit auch »Schnurrant« für »Bettelmusikant«. In Mörikes *Idylle vom Bodensee* ruft der Fischer Martin aus: »Herein ihr Schnurranten, ihr Pfeifer.«

Schokolade

Nahuatl // Substantiv, feminin // Häufigkeit ***

Süßigkeit aus Kakaoprodukten, Zucker und anderen Bestandteilen; Heißgetränk auf Schokoladenbasis

1965 sang Trude Herr den Schlager »Ich will keine Schokolade, ich will lieber einen Mann«. In den heutigen Zeiten betonen Frauen lieber ihre Unabhängigkeit und teilen im Internet einen Spruch, der lautet: »Rettet die Erde! Sie ist der einzige Planet mit Schokolade!« (Dass auch nur auf diesem Planeten Männer existieren, wird als nicht ganz so wichtig empfunden.) Dennoch leistet Schokolade im Geheimen immer noch gute Dienste als Tröstungsdroge, wenn es mit der Liebe mal nicht so klappt, und das nicht nur in der Filmkomödie *Bridget Jones – Schokolade zum Frühstück*. Das Wort, das früher auch »Chocolate«, »Schokolate« oder ähnlich geschrieben wurde, bezeichnet historisch gesehen zunächst den Samen des Kakaobaums, dann das mit diesen Samen hergestellte Heißgetränk und schließlich die Masse, die man heute in Form von Tafeln verkauft und die oft nur noch sehr wenig Kakao enthält. Es geht auf den Ausdruck *chocolatl* zurück, den die Spanier aus dem Nahuatl, der Sprache der Azteken, übernahmen und der wohl eine Zusammensetzung aus den Wörtern für »bitter machen« und »Wasser« darstellte. Seit Anfang des 17. Jahrhunderts lässt sich das Wort im Deutschen nachweisen. Bei Johann Ludwig Gottfried heißt es 1631 in *Newe Welt Und Americanische Historien* über die Einwohner Mexikos und Perus: »So machen sie auch den Getranck Chocolate darauß / welchen sie den frembden Herren zum sonderlichen Praesent verehren / vnd mit einer sonderlichen Temperatur / heiß / frisch / vnd mit vielem Gewürtz bereyten. Sie backen auch Kuchen darauß für die Brüst / Magen vnd Husten. Wer aber dieser Speise vnd Trancks nicht von Jugend auff gewohnet ist / der bekompt keinen sonderlichen Lusten darzu.« Die nicht aufputschende Schokolade galt übrigens früher als ausgesprochen aristokratisches Getränk, während Kaffee und Tee eher dem fleißigen Bürgertum vorbehalten waren. Aus dem Nahuatl stammen auch unsere Wörter »Kakao«, »Kojote«, »Ozelot«, »Tomate« und der Name des bei Aquarienbesitzern beliebten Lurchs Axolotl.

Slogan

Gälisch // Substantiv, maskulin // Häufigkeit ***

Werbespruch; politische Losung

Im Gälischen, der keltischen Sprache, die in verschiedenen Ausformungen etwa in Teilen Irlands und Schottlands gesprochen wurde und wird, bedeutete *sluagh-ghairm* einst so viel wie »Schlachtruf«. Die englisch sprechenden Briten und Iren machten daraus *slogan*. Spätestens im 19. Jahrhundert nimmt der Ausdruck im Englischen die Bedeutung »griffige Phrase, Merksatz« an – so steht es beispielsweise bei William Makepeace Thackeray. Ins Deutsche gelangt das Wort zu Beginn des 20. Jahrhunderts. Hermann Behrmann erklärt es 1928 in seinem Fachbuch für Reklamespezialisten *Das Inserat*: »Der kurze Text an sich, nicht der Inseratentext, sondern der kurze, bildhafte Ausdruck für das Wesentliche einer Ankündigung und damit ein wichtiges Bauelement für das Inserat, ist das, was die Amerikaner einen ›Slogan‹ nennen.« Der Deutsche, der vor 1945 wahrscheinlich am besten das Wesen des Slogans begriffen hatte und daraus wieder einen Schlachtruf machte, war wohl der nationalsozialistische Propagandaminister Joseph Goebbels. Er verkaufte damit allerdings kein Waschmittel, sondern wusch den Deutschen das Gehirn, indem er ihnen über Zeitungen, Volksempfänger und bei Massenversammlungen Merksätze wie »Ein Volk, ein Reich, ein Führer« oder »Führer, befiehl, wir folgen dir« einhämmern ließ.

Streik

Englisch // Substantiv, maskulin // Häufigkeit ***

massenhafte Arbeitsverweigerung, um politische und finanzielle Forderungen durchzusetzen

Die Idee, man könnte die Arbeit niederlegen, um seine Forderungen durchzusetzen, war für deutsche Lohnempfänger im 19. Jahrhundert so neu, dass man sich dafür ein Wort aus England holen musste. Nach gut 160 Jahren ist der Begriff »Streik« aber so eingebürgert, dass kaum noch jemand ihn als Anglizismus erkennt. Sogar seine Schreibweise wurde der deutschen Orthografie angepasst – was bei neueren Übernahmen aus dem Englischen ja nur noch selten stattfindet. In Großbritannien, dem Mutterland der Industriellen Revolution, hatte das Wort *strike*, »Schlag«, um 1810 die Bedeutung »Arbeitskampf« angenommen. Der Reiseschriftsteller Johann Georg Kohl schildert solche *strikes* seinen Lesern 1844 noch als ein den Deutschen ganz unbekanntes Phänomen: »Ihre [gemeint sind die englischen Kohlenarbeiter] aufrührerischen Akte sind in ganz England unter dem Namen ›Strikes‹ berühmt.« Kohl empört sich spürbar über die Unbotmäßigkeit der *colliers*: »Wenn eine Maßregel ihrer Herren ihnen missfällt, so ist eine Strike bald zustande gebracht, und da alle Beispiele, besonders die bösen, ansteckend wirken, so führt die Strike der einen Partei bald die Strikes auch anderer herbei.« Seinen Durchbruch in Deutschland erlebt der Ausdruck mit dem Leipziger Buchdruckerstreik 1865. Seitdem, so schreibt der Philologe und Erforscher des politischen Gegenwartswortschatzes Otto Ladendorf 1906 in seinem *Historischen Schlagwörterbuch*, werde er auch auf Arbeitskämpfe in Deutschland angewendet und durch die Presse verbreitet, zum Beispiel im *Kladderadatsch*: »Überall Strike! Eisenarbeiter-Strike, Buchdrucker-Strike, Baumwollweber-Strike, Schneider Strike! Wenn das so fortjeht, erleben wir am Ende noch 'n Minister-Strike!« Seit 1865 wird auch das entsprechende Verb im Deutschen gebraucht, zunächst noch in der Form *striken* mit betont englischer Aussprache. Bismarck entschuldigt sich am 5. März 1878 in einer Reichstagsrede sogar dafür, dass er den »vulgären Ausdruck« *Strike* verwendet. Seit den 1880er-Jahren tritt die deutsche Form »Streik« dann häufiger auf. Der Schlagwortforscher Ladendorf vermerkt im Zusammenhang mit dem Hamburger Hafenarbeiterstreik 1896/97 obendrein das Aufkommen des Ausdrucks »Streikbrecher« als »sozialdemokratisches Kraftwort«. Der Etymologe Wolfgang Pfeifer konstatiert: »Obwohl nach 1880 im allgemeinen Sprachgebrauch geläufig, findet *Streik* in Gesetzestexte erst nach 1945 (zuerst *Streikrecht*) Eingang.« Noch in den Sechziger- und Siebzigerjahren wurden Streiks als etwas den Deutschen irgendwie Wesensfremdes empfunden. Meine Mutter erklärte mir bei unserer ersten Italienreise um 1970 fassungslos, dass in diesem Land »dauernd« gestreikt werde.

Tabu

Polynesisch // Substantiv, Neutrum // Häufigkeit **

sakrales Verbot

Das Wort hat der berühmte Weltumsegler Captain James Cook zu uns gebracht. Er verstand das polynesische *tapu*, das eigentlich »gekennzeichnet« (im Sinne von »dem Herrscher vorbehalten«) bedeutet, so, als er es auf Tongatapu, der Hauptinsel des Königreichs Tonga, hörte. Am 15. Juni 1777 erklärt es Cook in seinem Reisejournal: »[...] Tabu, *a word of very comprehensive meaning but in general signifies forbidden.*« Auch Georg Forster, der Deutsche, der mit Cook auf Reisen war, erwähnt es schon in der Form »Tabbu«, aber nur als Bestandteil des Namens diverser Inseln. In der ersten Hälfte des 19. Jahrhunderts wird »Tabu« in der Bedeutung »kultisches Gebot, gewisse Gegenstände, Personen, Tiere, Pflanzen, Orte zu meiden«, aus dem Englischen ins Deutsche entlehnt. In Ludwig Feuerbachs religionskritischem

Buch *Das Wesen des Christentums* von 1841 gibt es ein Kapitel mit dem Titel »Tabu, Moloch und Sabbath«. Zu Beginn des 20. Jahrhunderts, als man die Kulturen der Südsee als utopischen Gegenentwurf zur industriellen Zivilisation entdeckt, kommt das Wort regelrecht in Mode. Sigmund Freud vergleicht 1913 in seiner Studie *Totem und Tabu* das Seelenleben der »Wilden« mit dem von Neurotikern. 1931 dreht der deutsche Hollywood-Regisseur Friedrich Wilhelm Murnau den Film *Tabu*, in dem ein polynesisches Liebespaar von seiner Insel flüchtet, weil die junge Frau zur heiligen Jungfrau erklärt wurde – und damit für den Mann, der sie liebt, tabu ist. Mittlerweile wird das Wort – in Verbindungen wie »tabuloser Sex« oder »Es gibt keine Tabus« – eher verwendet, um zu zeigen, dass man über Konventionen moralischer, ökonomischer oder gesellschaftlicher Art steht.

tätowieren

Tahitianisch // Verb // Häufigkeit **

eine Verzierung oder Markierung mit Nadel und Farbmitteln auf der Haut anbringen

Auch dieses Wort hat der berühmte Weltumsegler Captain James Cook von seinen Reisen über den Pazifik mitgebracht. 1769 gibt er im Tagebuch seiner ersten Südseefahrt das tahitianische Wort *tatau* als *tattow* wieder. Das Inselwort konnte sowohl das Tätowieren als auch das dadurch entstandene Zeichen meinen und ist wohl aus *ta-* (»schlagen«) und *-tau* (»Zeichen, Muster, Bilder«) zusammengesetzt. Bereits 1777 liest man den neu importierten Begriff in einem etwas seltsamen Text des deutsch-dänischen Philosophen und Naturforschers Johannes Nikolaus Tetens. In seinem Buch *Philosophische Versuche über die menschliche Natur und ihre Entwickelung* führt er Unterschiede zwischen den vermeintlichen Menschen-»Rassen« auf: »[…] die Luft, der Boden, die Nahrung, die Lebensart oder auch die Kunst, die die

TÄTOWIEREN

Köpfe bey einigen Völkern platt macht, die Ohren verlängert, die Haut tättowirt, bey den Chinesern die Füße der Frauenzimmer verkleinert und die Hottentotten einer Hode beraubet [...].« Ein Jahr später belehrt Georg Forster, der mit seinem Vater Johann Reinhold Forster an der zweiten Südseereise Cooks teilgenommen hatte, die Deutschen, dass Tätowierungen keineswegs natürliche Ursachen haben. In *Reise um die Welt* weiß er zu berichten: »Unter den Männern war das Punctiren und Einschwärzen der Haut allgemein; vornemlich pflegte der Bauch und die Lenden eben so stark, und in noch künstlichern Figuren tättowirt oder bezeichnet zu seyn, als wir es auf Tahiti gesehen hatten.« Sich zu tätowieren war hierzulande lange Zeit nur unter Soldaten, Verbrechern, Seeleuten und anderen Randexistenzen der Gesellschaft üblich. Der Architekt und Architekturtheoretiker Adolf Loos war sich 1908 in seiner programmatischen Schrift *Ornament und Verbrechen* ganz sicher: »Der moderne mensch, der sich tätowiert, ist ein verbrecher oder ein degenerierter. Es gibt gefängnisse, in denen achtzig prozent der häftlinge tätowierungen aufweisen. Die tätowierten, die nicht in haft sind, sind latente verbrecher oder degenerierte aristokraten. Wenn ein tätowierter in freiheit stirbt, so ist er eben einige jahre, bevor er einen mord verübt hat, gestorben.« Diese Ausführungen liest man heute mit einigem Grusel, wenn man weiß, dass Häftlinge im KZ Auschwitz zwangstätowiert wurden. Seit den frühen 1990er-Jahren sind Tätowierungen weltweit zum Modephänomen geworden. In den Kreisen ihrer Träger bevorzugt man allerdings das aus dem Englischen übernommene Wort *tattoo*, das auf Cooks *tattow* zurückgeht.

Tee

Min Nan // Substantiv, maskulin // Häufigkeit ***

Aufgussgetränk aus Pflanzenteilen des Teestrauchs

Min Nan ist eine Sprache, die in Südchina gesprochen wird; eine Variante dieser Sprache ist Hokkien, auch »Amoy-Dialekt« genannt, nach der früher in Europa als Amoy bekannten Hafenstadt Xiamen. Von dort brachten im 16. Jahrhundert zunächst die Holländer Tee und das entsprechende Wort nach Europa. Im Min Nan heißt der Blättersud *tē*. Das russische *čaj*, das ähnlich klingende arabische Wort sowie das portugiesische *chá* gehen dagegen auf den im Mandarin (der offiziellen chinesischen Hochsprache) oder im Kantonesischen gängigen Begriff *cha* zurück. Die Bezeichnung des Getränks hängt also ganz davon ab, woher die Teeblätter erstmals bezogen wurden. Russen, Türken und Perser erwarben ihren *cha* oder *çay* auf dem Landweg von Mandarin sprechenden Händlern in Nordchina. Von den Persern übernahmen die Araber das Wort, und über den Handel mit osteuropäischen Händlern gelangte es in die dortigen Sprachen. Die Holländer und später die Engländer dagegen bezogen Tee auf dem Seeweg und brachten so auch das Wort *tē* aus dem Min Nan um die halbe Welt. Mitte des 17. Jahrhunderts gelangt »Tee« ins Deutsche. 1659 zitiert der Ulmer Martin Zeiller in seinem Wissenskompendium *Centuria Variarum Quæstionum* aus der ein Jahr zuvor erschienenen Beschreibung einer Indienreise durch den deutschen Abenteurer Johann Albrecht von Mandelslo , »daß das Kraut Thee / von den Holländischen Materialisten / bekommen werden könne / daraus ein schwartzes Waßer gekocht werde / so man in Jndien gar gemein / aber gar heiß / trincke«. Wenig später wird das Wort »Tee« auch für Aufgüsse aus anderen (heimischen) Pflanzen gebraucht. Das neuerdings hierzulande als »Chai« verkaufte modische Heißgetränk ist eine kommerzialisierte Pulverversion der in vielen Varianten existierenden indischen Gewürzteemischung Masala Chai.

Tiger

Avestisch // Substantiv, maskulin // Häufigkeit ***

große asiatische Raubkatze

Das Wort *tigris* taucht zum ersten Mal im Werk des griechischen Arztes Ktesias von Knidos auf, der um 400 v. Chr. eine Zeit lang am persischen Hof tätig war. Offenbar hatte er es dort gehört. Allerdings beschrieb er das Tier wenig realistisch. Demnach sollte die »Bestie Indiens« drei Zahnreihen haben und einen Stachel am Schwanz, den sie auf sie verfolgende Feinde schleudern konnte. Manche Etymologen vermuten, der Name des Raubtiers könnte mit dem avestischen Wort *tighra* für »spitz« oder *thigri* für »Pfeil« zu tun haben. Avestisch war eine ostiranische Sprache, die nach dem *Avesta*, dem heiligen Buch des Zoroastrismus, benannt war. Avestisch ist jedoch nicht identisch mit Altpersisch. Es ist, wie das indische Sanskrit, eine der ältesten überlieferten indogermanischen Sprachen. Der Tiger blieb lange ein mythisches Tier, das die Europäer nicht aus eigener Anschauung kannten. Selbst in den römischen Arenen, in die die unterschiedlichsten wilden Tierarten aus der ganzen Welt verfrachtet wurden, um zur Volksbelustigung gejagt zu werden oder zum Tode Verurteilte zu jagen, sah man die Tiere nur selten, weil ihr Lebensraum so weit entfernt war und sie schwerer zu fangen waren als beispielsweise Löwen. Im 4. Jahrhundert v. Chr. bekamen die Athener von Seleukos I., einem der Nachfolger Alexanders des Großen, einen echten Tiger geschenkt. Und um 20 v. Chr. überreichte eine indische Gesandtschaft Kaiser Augustus einen Tiger, während er sich auf der Insel Samos aufhielt. Neun Jahre später präsentierte Augustus dem römischen Arena-Publikum einen Tiger. Der letzte Tiger, der in der Zeit des Imperium Romanum lebend den Mittelmeerraum erreichte, wurde im Jahr 448 in Konstantinopel übergeben; danach waren bis ins 15. Jahrhundert hinein keine Tiger mehr in Europa zu sehen. In den mittelalterlichen Bestiarien, weit verbreiteten Büchern mit symbolischen Tiergeschichten, wurden Tiger oft mit blauem Fell dargestellt. Auf Deutsch sagte man früher zur Verdeutlichung »Tigertier«. Erst im 17. Jahrhundert setzte sich die Kurzform »Tiger« durch. Seit dem Ersten Weltkrieg gibt es das Verb »tigern« (»ziellos herumlaufen«), und seit den Achtzigerjahren nennt man die wirtschaftlich aufstrebenden Nationen Ostasiens »Tigerstaaten«.

Tipi

Lakota // Substantiv, Neutrum // Häufigkeit *

Indianerzelt

Das Tipi ist ein kegelförmiges Zelt der nordamerikanischen Indianer. Das Wort stammt aus der Lakota-Sprache und ist zusammengesetzt aus dem Verb *thí* (»leben, hausen, verweilen, wohnen«) und *-pi*, einem Plural-Marker bei Verben; es bedeutet also »sie wohnen (dort)«. Ein Tipi besteht aus einem Gestell aus dünnen Stämmen von Nadelbäumen und einer halbkreisförmigen Plane, die ursprünglich aus Bisonleder bestand, später dann aus festem Stoff. Das Wort, das im Englischen seit Mitte des 18. Jahrhunderts belegt ist, kam in der zweiten Hälfte des 19. Jahrhunderts durch Reiseliteratur aus den USA und Westerngeschichten ins Deutsche. Häufig wird fälschlicherweise auch ein Wigwam, ein kuppelförmiges Zelt ganz anderer Bauart mit rechteckiger oder runder Grundfläche, als »Tipi« bezeichnet und umgekehrt. Die durch Fernsehübertragungen bekannte Berliner Zeltbühne »Tipi am Kanzleramt« ist eine Mischung aus beiden Typen.

TIPI

Tohuwabohu

Hebräisch // Substantiv, Neutrum // Häufigkeit *

großes Durcheinander

Das Wort, das zuerst 1817 bei Goethe mit dem Sinn »Chaos« belegt ist, stammt aus der hebräischen Bibel. Dort steht bekanntlich, dass die Erde am Anfang »wüst und leer« (wie Luther es übersetzte) gewesen sei – auf Hebräisch heißt das *tōhū wā-bōhū*. Goethe schreibt über die Zeiten religiöser Zersplitterung in seinem Essay »Geistesepochen«: »[...] und so ist das Tohuwabohu wieder da, aber nicht das erste, befruchtete, gebärende, sondern ein absterbendes, in Verwesung übergehendes, aus dem der Geist Gottes kaum selbst eine ihm würdige Welt abermals erschaffen könnte.« Der Dichter hat den Ausdruck jedoch nicht als Erster verwendet. Bereits im 17. Jahrhundert taucht er in theologischen Traktaten auf. Und weil das Chaos des Dreißigjährigen Krieges halb Deutschland wüst und leer hinterließ, wird das Wort auch bald metaphorisch in ganz außerbiblischen Zusammenhängen gebraucht. Der 1656 gestorbene Pfarrer Hartmann Creide schrieb in seiner Postille *Querela medela cautela*: »Der Krieg ist ein recht Tohu vabohu, dardurch alles dermassen auß dem Bley gerucket wird / daz es ganz irrig und wüst stehe im ganzen Land.«

Tollpatsch

Ungarisch // Substantiv, maskulin // Häufigkeit *

ungeschickter Mensch

Feste Schuhe aus Leder waren früher eine Kostbarkeit, die sich nicht jeder leisten konnte – nicht einmal jede Armee. Ungarische Fußsoldaten trugen nur Sohlen, die mit Schnüren an den Füßen befestigt waren. Deshalb nannte man sie (und auch Bären) scherzhaft *talpas*, was »Breitfüßiger/Breitfuß« bedeutete, nach *talp* für »Sohle, Tatze«. Um

1700 gelangte das Wort in der verballhornten Form *Tolbatz* ins Deutsche, wo es zu einem Spottwort für Angehörige des Heeres im Vielvölkerstaat Österreich wurde, die nicht gut Deutsch sprachen – also für Ungarn und Slawen. In einer bayerischen Chronik wird 1698 ein Angriff auf einen bedauernswerten Menschen durch solche Soldaten geschildert: »Haben jhne drey bewaffnete Tolbatzen feindlich überfallen.« Später wurde der Begriff zu einem allgemeinen Schimpfwort für Fremde. 1746 reimte ein humoristischer Dichter unter dem Pseudonym Leberecht Blaustrumpf in Wittenberg: »die Jungens lieffen uns auf allen Gassen nach, / He! schrieen sie, he! he! zwey Jenische Tollpatschen, / Hört, hört, wie grausam sie mit ihren Peitschen klatschen.« Der Ausdruck »Jenische« bezeichnet herumwandernde Arme – ist demnach etwa gleichbedeutend mit »Vagabunden« –, die vor allem in West- und Mitteleuropa unterwegs waren. Wir denken heute an »Tölpel«, »toll« und »patschen«, wenn wir das Wort hören, ohne seinen Ursprung zu kennen, und so ging es wohl auch schon den Deutsch-Sprechern, die weiter von Ungarn entfernt lebten. Je größer die Distanz zur Puszta, desto mehr nahm »Tolpatsch« (vor der Rechtschreibreform noch mit nur einem *l* geschrieben) den heute allgemein üblichen Sinn »ungeschickte Person« an. Dabei ist es – ähnlich wie bei »Schlawiner« – von einer ursprünglich abwertenden Bezeichnung für Fremde zu einem Wort geworden, mit dem man ausdrückt, dass eine Person etwas Unbeholfen-Liebenswürdiges hat.

Totem

Ojibwe // Substantiv, Neutrum // Häufigkeit *

spirituell leitendes Geistwesen, insbesondere in der Gestalt eines Tieres

In der Sprache der Ojibwe, eines Indianerstammes, der heute die Eigenbezeichnung »Anishinabe« bevorzugt, nannte man zunächst blutsverwandte Geschwister *ototeman*. Das Wort wurde dann eine Bezeichnung für Geister, denen man sich in spiritueller Verwandtschaft nahe fühlte. Über den Pelzhändler James Long, der sich bei den Ojibwe aufhielt, gelangte der Begriff in der von ihm geschriebenen Form *totam* zu den Europäern. In seinen Reiseerinnerungen *Voyages and Travels of an Indian Interpreter and Trader* schrieb er 1791: »Ein Teil des religiösen Aberglaubens der Wilden besteht darin, dass jeder von ihnen seinen *totam* oder Lieblingsgeist hat, von dem er glaubt, dass er über ihn wache. Deshalb töten, jagen oder essen sie niemals das Tier, von dem sie glauben, dass ihr *totam* seine Gestalt trägt.« In Deutschland wird das Wort durch Theodor Waitz' Buch *Die Indianer Nordamerica's* bekannt. Darin heißt es 1865: »Wahrscheinlich hatte das Totem ursprünglich eine religiöse Bedeutung: das Thier des Totem war der Schutzgeist der nach ihm benannten Familie, wurde von dieser heilig gehalten und durfte von ihr nicht gejagt werden.« Im 20. Jahrhundert ist »Totem« dank Sigmund Freuds Schrift *Totem und Tabu. Einige Übereinstimmungen im Seelenleben der Wilden und der Neurotiker* von 1913 und später durch Claude Lévi-Strauss zu einem Schlüsselbegriff der Psychologie und Ethnologie geworden. Freud definiert den Begriff, der bei ihm noch maskulin ist (solche Schwankungen des grammatischen Geschlechts kommen bei der Übernahme von Fremdwörtern oft vor), so: »Was ist nun der Totem? In der Regel ein Tier, ein eßbares, harmloses oder gefährliches, gefürchtetes, seltener eine Pflanze oder eine Naturkraft (Regen, Wasser), welches in einem besonderen Verhältnis zu der ganzen Sippe steht. Der Totem ist erstens der Stammvater der Sippe, dann aber auch ihr Schutzgeist und Helfer, der ihnen Orakel sendet, und wenn er sonst gefährlich ist, seine Kinder kennt und verschont.«

Troll

Altnordisch // Substantiv, maskulin // Häufigkeit **

Kobold aus der nordischen Mythologie; bösartiger Querulant (vor allem im Internet)

Der Troll hatte sich einst schon mal aus Deutschland getrollt – aber er erlebte ein grandioses Comeback. Zunächst verschwand das weitverbreitete Wort »Troll« mit der Bedeutung »grober, ungeschlachter Kerl«. In einem religiösen Traktat von Daniel Wülfer liest man 1656 noch über Gottes unergründliche Wege: »[...] manchmal aber läßt ers nur zu / daß der oder der lüderliche leichtfertige Mensch / der Hurer / Ehbrecher / Mörder / ungeschickte grobe Troll mit Sünden einen Reichtum samlet / mit Unrecht die Gewalt erlangt / mit Frevel die Macht zu sich reisset / tyrannisiret nach seinem Lust [...].« Daneben kannten schon Schriftsteller aus spätmittelhochdeutscher und frühneuhochdeutscher Zeit das aus Skandinavien importierte Wort *troll*, das »Kobold, Dämon« bedeutete. Der Dichter Michael Beheim reimte in der zweiten Hälfte des 15. Jahrhunderts: »[...] auch sagt man, wie das trollen / In Norwegen sein sollen. / nu han ich verr durch varn das lant, / das mir chain troll nie wart pekant.« Der Historiker Johann Georg Turmair, der sich gut humanistisch Johannes Aventinus nannte, lokalisierte die Trolle eher in Dänemark: »Es wonen bei disem volk Trollen, sollen geist sein; ob guet oder pös, sein die gelerten noch nit ains.« Beide Varianten von »Troll« gerieten gegen Ende des 17. Jahrhunderts in der Standardsprache außer Gebrauch. Als Schimpfwort hielt sich der Begriff allerdings in einigen Mundarten; darauf spielt vermutlich noch der Name des Bären in Heinrich Heines Versepos »Atta Troll« (1841) an. Seit dem 18. Jahrhundert verbreitete sich im Zuge des erwachten Interesses an nordischer Mythologie das skandinavische Wort *troll* wieder. In Henrik Ibsens Drama *Peer Gynt* und Tove Janssons Kinderbuch *Die Mumins* erscheinen Trolle ebenso wie in J. R. R. Tolkiens Roman *Der Herr der Ringe*. Die Popularität des

Letzteren in der Hippiekultur der Siebzigerjahre sorgt dafür, dass Trolle zum festen Bestandteil kommerzieller Fantasyfilme und -bücher werden. Von hier führt dann ein gar nicht so unterirdisch-trollmäßiger Weg zum Troll im Internet. Der Ausdruck kommt in den späten Nullerjahren aus dem Englischen ins Deutsche. Die *ZEIT* setzt ihn 2010 noch in Anführungszeichen, weil er zu unbekannt ist, und muss ihn den Lesern erklären: »Allem Anschein nach hatten die Republikaner nicht so recht an ›Trolle‹ gedacht, Online-Provokateure also, die eine Diskussion mit abwegigen Argumenten und persönlichen Angriffen sabotieren.« Das englische *troll* für »Netzhetzer« kommt allerdings wohl eher aus der Redensart *trolling with bait*, womit eine bestimmte Art des Angelns bezeichnet wird – weil ja auch der Troll Köder auswirft, auf die seine Gesprächspartner erregt reagieren sollen. Diese Bedeutung verschmolz jedoch schon bald mit der Vorstellung eines bösen Zwergs. Das englische Verb *to troll* geht, genau wie unser »sich trollen« und auch »aufdröseln«, auf ein germanisches *truzlōn* für »langsam rollen, rollen lassen, sich im Kreis drehen« zurück, und wahrscheinlich wurden auch die Trolle nach dieser Fortbewegungsart benannt.

Troubadour

Okzitanisch // Substantiv, maskulin // Häufigkeit *

Sänger von selbstverfassten Liebesliedern, Minnesänger

Das Wort stammt aus dem Altokzitanischen, einer galloromanischen Sprache, die im Mittelalter im Süden Frankreichs, im Norden Spaniens und in kleinen Bereichen Norditaliens als überregionales Verständigungsmittel genutzt wurde. Noch heute verweist der Name einer Region in Südfrankreich auf diese Sprache: das Languedoc. Diese *langue d'oc*, also das Okzitanische, ist die Sprache, deren Wort für »ja« *oc* lautet; damit benennt sie eines der Merkmale, die sie vom

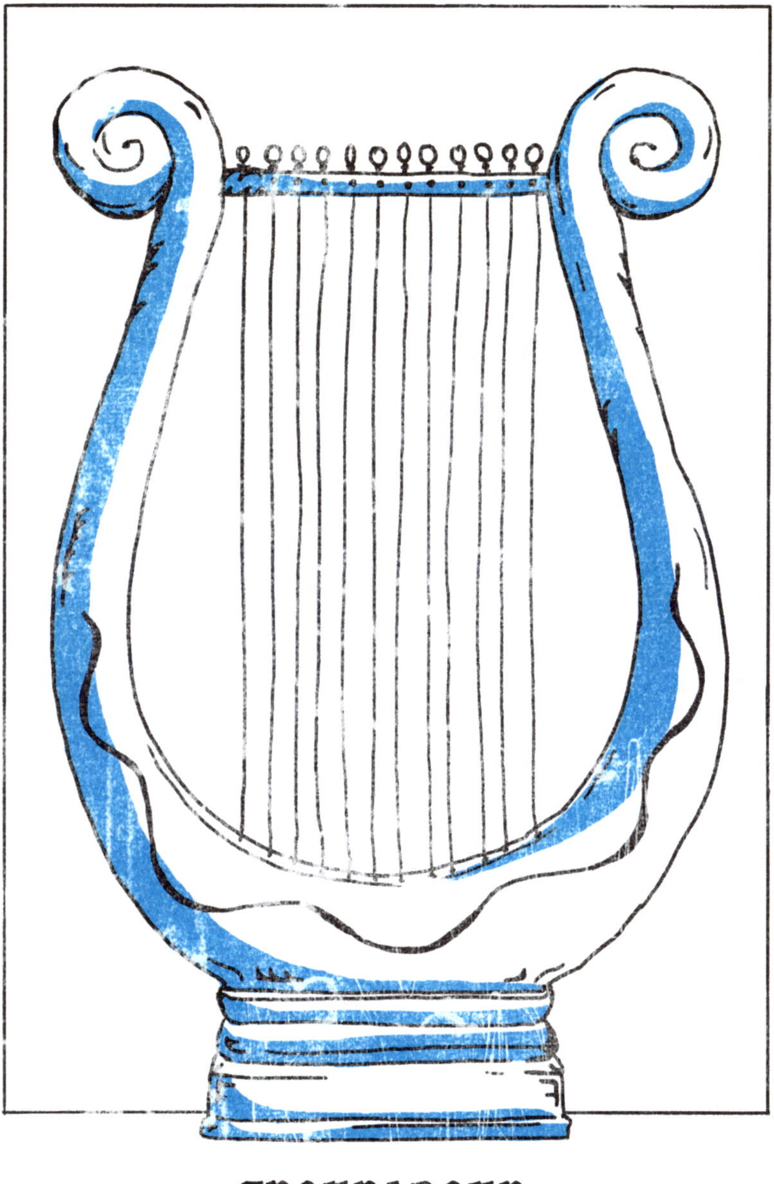

TROUBADOUR

nördlichen Französisch unterscheiden, von der *langue d'oïl*, denn die altfranzösische Bejahungspartikel, aus der sich das heutige *oui* gebildet hat, lautete *oïl*. Im Okzitanischen bedeutete das Verb *trobar* »finden, erfinden, ein Lied schaffen, komponieren«. Daraus hat sich dann im 12. Jahrhundert das Substantiv *trobador* entwickelt, das im Grunde »Erfinder« bedeutet. So nannte man eine Gruppe von Sängern, Komponisten, Musikern und Dichtern, die vor allem an Höfen im okzitanischen Sprachraum aktiv waren. Sie waren das Vorbild für deutsche Minnesänger wie Walther von der Vogelweide. Als erster *trobador* gilt Wilhelm IX., Herzog von Aquitanien und der Gascogne. In Nordfrankreich bezeichnete man diese Künstler dagegen als *trouvères*. Dieses Wort geriet jedoch am Ende des Mittelalters in Vergessenheit und wurde dann im 16. Jahrhundert gewissermaßen flächendeckend durch *troubadour* ersetzt – die französische Variante des ursprünglichen okzitanischen Wortes. Als im 17. Jahrhundert in Deutschland die ersten dichtungstheoretischen Werke die Geschichte der Poesie erkunden, gelangt »Troubadour« auch in unsere Sprache. Daniel Georg Morhof beschreibt 1682 in seinem Buch *Unterricht Von Der Teutschen Sprache und Poesie* die alten südfranzösischen Zustände: »Die Troubadours oder Trouverres waren die Erfinder der Reime und der Lieder / die andern spielten sie auff allerhand Instrumenten, oder sangen sie auch.« Heute wird das Wort hierzulande vor allem mit leicht spöttischem Unterton für Schlager- und Popsänger verwendet – wenn nicht von Verdis Oper *Der Troubadour* (*Il trovatore*) die Rede ist.

Tschüs

Wallonisch // Interjektion // Häufigkeit ***

umgangssprachlicher Abschiedsgruß im Sinne von »Auf Wiedersehen« oder »Leb wohl«

Als 2010 die große Hamburger Volksschauspielerin Heidi Kabel starb, widmete ihr das *Hamburger Abendblatt* die Schlagzeile »Tschüs, Heidi«. In Hamburg weiß man eben noch, dass dieses aus dem Niederdeutschen stammende Wort mit nur einem *s* geschrieben wird – während der Duden seit 1996 auch die Schreibweise mit Doppel-*s* zulässt. »Tschüs« ist recht spät in die deutsche Standardsprache gelangt, der Duden nahm es erst 1967 auf. Das Wort hat sich aus dem noch bis in die Vierzigerjahre gebräuchlichen niederdeutschen *atschüs* entwickelt, das auch in den orthografischen Varianten *adschüs* und *adjüs* existierte – letztere findet man häufig beim niederdeutschen Dichter Fritz Reuter. Irgendwann nach 1900 ist das Wort dann ohne sein Anfangs-*a* ins Hochdeutsche gelangt. Die frühesten Belege dafür finden sich – wenig überraschend – bei norddeutschen Schriftstellern: Hans Fallada (geboren in Greifswald) lässt 1934 in *Wer einmal aus dem Blechnapf frisst* den Ganoven Batzke »Tjüs« sagen. Der Hamburger Wolfgang Borchert schreibt in den Vierzigerjahren in seiner Erzählung »Die Professoren wissen auch nix« über ein Mädchen: »[...] und an der Tür unten hat sie dann Tschüs gesagt.« Über die Herkunft des »Tschüs«-Vorgängers *atschüs* im Niederdeutschen gibt es zwei Theorien. Eine besagt, *atschüs* habe sich über die Zwischenform *adies* aus dem spanischen *adiós* entwickelt, das in die deutsche Seemannssprache eingegangen sei. Das etymologische Wörterbuch von Kluge vertritt die These, »Tschüs« sei eher aus dem wallonischen *adjuus*, das – wie das ursprüngliche lateinische *ad deum* – »zu Gott« bedeutet, ins Niederdeutsche gelangt. Es geht also nur um die Frage, aus welcher romanischen Sprache das Wort in den deutschen Norden kam. Einig sind sich alle Wissenschaftler darin, dass »Tschüs« mit dem süddeutschen »Ade« verwandt ist, das schon zu mittelhochdeutscher Zeit aus dem nordfranzösischen *adé* – im Standardfranzösischen *adieu* – entlehnt wurde.

Tundra

Samisch // Substantiv, feminin // Häufigkeit *

baumlose Steppe in den Polargebieten

Das Samische, das man früher auch »Lappisch« nannte, ist eigentlich nicht nur *eine* Sprache, sondern eine Gruppe von mehreren miteinander verwandten uralischen Sprachen oder Dialekten, die von den Samen in Schweden, Norwegen, Finnland und Russland gesprochen werden. Die auf der Halbinsel Kola im Nordwesten Russlands lebenden Samen benennen mit dem Wort *tundar* eine baumlose Steppe. Aus ihrer Sprache ist es als *tundra* ins Russische entlehnt worden, möglicherweise auf dem Umweg über das Finnische. Um die Mitte des 19. Jahrhunderts gelangt das Wort auch ins Deutsche. Matthias Jacob Schleiden schreibt 1848 in seinem botanischen Überblickswerk *Die Pflanze und ihre Leben*: »Hier versinkt der unvorsichtige Wanderer in das von den Moosen mehr versteckte als verdrängte Wasser, während auf jenen Flechtenhaiden, Tundras nennt sie der Lappländer, der sonnendurchglühte Boden im Sommer jeden Schritt zur Qual macht.« Alfred Brehms *Tierleben* hat den Ausdruck dann etwa zwanzig Jahre später allgemein verbreitet. Heute bezeichnet man als »Tundra« die gesamte sumpfige, baumlose Steppe nördlich der polaren Baumgrenze. Zuletzt las man den Begriff »Tundra« vor allem im Zusammenhang mit besorgniserregenden Folgen der globalen Erwärmung. Durch das Auftauen der Permafrostböden unter der Tundra werden nicht nur darin gespeicherte Gase freigesetzt, die den Klimawandel ihrerseits verstärken können, sondern möglicherweise auch uralte Krankheitserreger, beispielsweise von Milzbrand.

Vampir

Serbokroatisch // Substantiv, maskulin // Häufigkeit **

blutsaugendes untotes Wesen

1725 kommt ein Ungeheuer aus den düsteren Tälern des Balkans nach Deutschland. Da liest man erstmals »Vampyr« mit der Bedeutung »Leiche eines bösen Menschen, die nachts als Spukerscheinung in Tiergestalt umgeht und Menschen und Tiere durch Blutsaugen tötet«, im Bericht des österreichischen Arztes und Kameralprovisors Frombald, der vom Kaiser nach Kisolova in Serbien gesandt wurde, um den Glauben an Vampire zu widerlegen. Bereits 1689 hatte Wolfgang Moritz Endter berichtet, die Menschen in Istrien glaubten an »gewisse Zaubrer und Hexenmeister«, die Blut saugten – allerdings heißen diese bösen Geister in seinem Bericht *Strigon* oder *Vedarèz*. Zum Modewort wird »Vampir« in den Dreißigerjahren, nachdem wiederum ein Arzt von den österreichischen Behörden nach Serbien ausgesandt wurde, um den Fall eines jungen Mannes namens Arnond Paole zu klären, der angeblich nach seinem Tod ein Vampir geworden war. Im Januar 1732 erschien Johann Flückingers Bericht über diesen neuen Grusel mit dem ganz wunderbaren Titel *Visum et Repertum, über die so genannten Vampirs, oder Blut-Aussauger, so zu Medvegia in Servien, an der Türkischen Granitz, den 7. Januarii 1732 geschehen. Nebst einem Anhang / Von dem Kauen und Schmatzen der Toten in Gräbern*. Es folgen innerhalb eines Jahrzehnts zwölf weitere Bücher über Vampire auf Deutsch. Als Bezeichnung für südamerikanische Fledermäuse, die sich tatsächlich vom Blut anderer Tiere nähren, wurde *vampire* vor allem durch die Naturgeschichte des bedeutenden französischen Biologen Georges-Louis Leclerc de Buffon seit Mitte des 18. Jahrhunderts verbreitet. Das Wort stammt aus dem Serbokroatischen. Es ist durch Einschub des *m* aus altserbokroatisch *upir* entstanden, das heute noch in *ùpirina* (»fliegendes Gespenst, Luftgeist«) weiterlebt. Ähnliche Wörter gibt es in allen slawischen Sprachen: russisch *upýr,* bulgarisch *vapír*, polnisch *upiór* etc. Möglicherweise über das Deutsche wird der Ausdruck 1741 ins Englische entlehnt und dort zu *vampire*. Um 1800 wird der Blutsauger zu einer Lieblingsgestalt der internationalen Schauerromantik. Vampire geistern durch berühmte deutsche literarische Werke wie Bürgers »Lenore«, Goethes »Die Braut von Korinth« und die *Hymnen an die Nacht* von Novalis. An Weltruhm übertrifft sie alle die Erzählung *»The Vampyre«* der Arztes und Schriftstellers John Polidori, die zunächst unter dem Namen seines Freundes, des Dichters Lord Byron, veröffentlicht wird. Polidoris Werk ist ein Vorläufer von Bram Stokers Roman *Dracula* von 1897, der das Wort endgültig in alle Sprachen der Welt trägt. Im Englischen wird die Kurzform *vamp* zu Beginn des 20. Jahrhunderts zur Bezeichnung für eine ›männermordende‹, attraktive Frau oder Femme fatale. Diesen Frauentypus propagiert dann vor allem das frühe Hollywood. Die Schauspielerin Theda Bara ist geradezu abonniert auf die Rollen solch gefährlicher Frauen von Kleopatra über Carmen bis Salome. Durch den Film wird der Vamp-Typus auch in Deutschland populär – vor allem in den erotischen, experimentierfreudigen Großstadtmilieus der Zwanzigerjahre. Kurt Tucholsky empfiehlt es 1929 in seinem satirischen Ratgeber »Deutsch für Amerikaner« als ein Wort, das auch hierzulande sofort verstanden wird.

Virus

Lateinisch // Substantiv, Neutrum oder maskulin // Häufigkeit ***

winziger potenzieller Krankheitserreger, der zur Vermehrung und Evolution fähig ist, aber nicht über einen eigenen Stoffwechsel verfügt und daher nicht als Lebewesen gilt

Das Frühjahr 2020, in dem die Corona-Epidemie die ganze Welt erfasste, bescherte uns neben medizinischen und dadurch bedingten gesellschaftlichen, wirtschaftlichen und psychologischen Problemen auch eine Reihe sprachlicher Herausforderungen. Wir lernten den *Lockdown* vom *Shutdown* zu unterscheiden, übernahmen einen Begriff aus der Militärmedizin, »Triage«, und damit die Praxis der Einteilung von Menschen, die ärztlicher Hilfe bedürfen, je nach Schweregrad ihrer Betroffenheit (ein Verfahren, das bei den massenhaften Verletzten im Ersten Weltkrieg zum ersten Mal angewandt wurde), wurden darüber aufgeklärt, dass »Homeoffice« im Englischen nur in der Bedeutung »Innenministerium« existiert, und erfuhren, dass »Virus« in der medizinischen Fachsprache ein Neutrum ist. Die Krise machte uns zu 80 Millionen Hobbyvirologen, und nach höchstens vier Wochen sah man »Virus« nicht nur in der seriösen Presse, sondern auch in den Facebook-Posts des erweiterten Bekanntenkreises fast nur noch mit dem fachsprachlichen Genus. Vielleicht hätte so mancher Blödsinn aus dem Munde von Scharlatanen, Scheinexperten und Verschwörungstheoretikern von Anfang an bereits aufgrund der Verwendung des männlichen Artikels als solcher erkannt werden können und wäre niemals »viral« gegangen. Dieses Adjektiv meint seit der zweiten Hälfte des 20. Jahrhunderts in der Medizin »durch ein Virus verursacht«. Seit der Mitte der Zehnerjahre existiert es hierzulande auch in der aus dem Englischen (dort schon 1989 nachweisbaren) entlehnten Bedeutung »extrem schnell populär im Internet«, vor allem in der Redensart »viral gehen«. 2014 etwa meldete die *Mittelbayerische Zeitung*: »Ein Video der mürrisch dreinblickenden Katze [*gemeint war Grumpy Cat; M. H.*] ging bei YouTube viral.« Dem liegt die Idee zugrunde, ein Video, Bildchen oder Artikel verbreite sich so schnell wie ein Virus. Das passiert aber nur, wenn das, was viral geht, auch »virulent« ist – dieses Adjektiv bedeutete im 18. Jahrhundert in der Medizin zunächst »giftig, tödlich« und dann »ansteckend, krankheitserregend«. So beispielsweise im Krankheitsnamen *Gonorrhoea virulenta*, den der ostpreußische Arzt und Autor Johann Jacob Woyt in einer seiner Abhandlungen erwähnt; dort rät er auch, keine Blutegel anzusetzen, »welche sich in Pfützen und faulen Wassern aufhal-

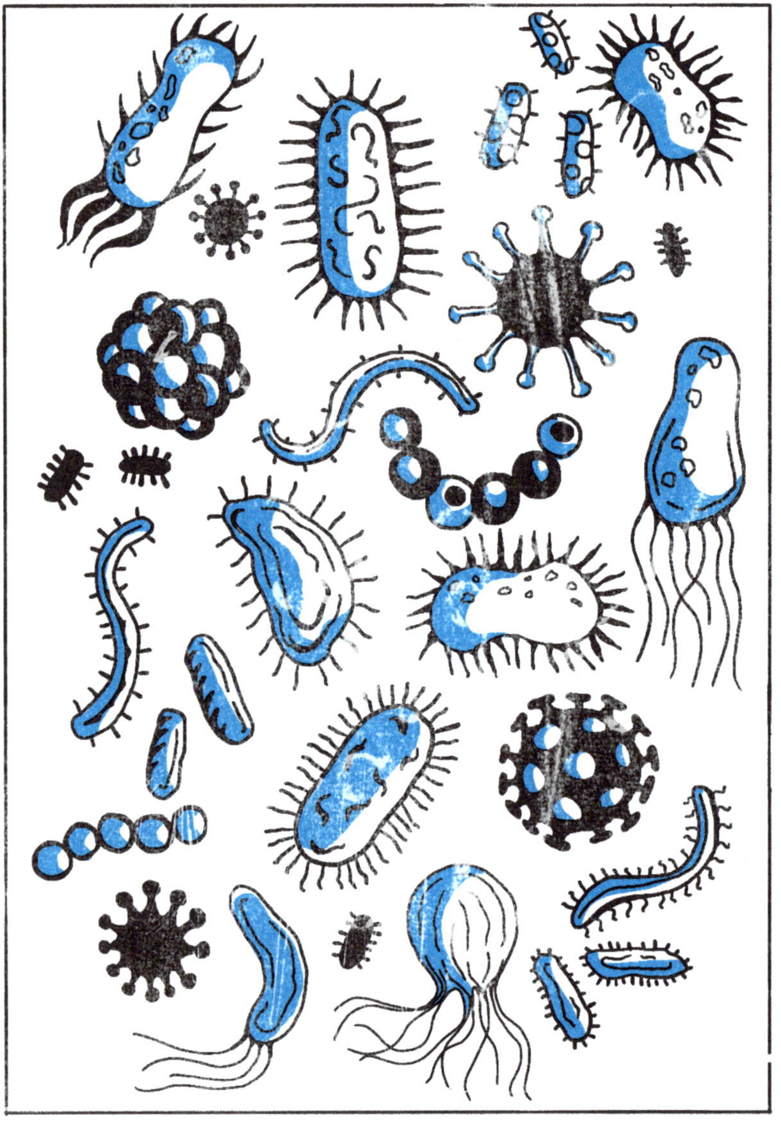

VIRUS

ten; denn solche pflegen etwas virulentes an sich zu haben, und werden insgemein für giftig gehalten«. Bald gelangte der Begriff aber auch im übertragenen Sinne von »gefährlich, unter der Oberfläche lauernd« in den Bildungswortschatz. Sowohl »virulent« als auch »Virus« kommen aus dem Lateinischen, wo das Adjektiv »giftig« und das Substantiv »Schleim, Saft, Gift« bedeutete. Im 19. Jahrhundert, als man allmählich begriff, dass Infektionskrankheiten durch winzige unsichtbare Eindringlinge verursacht werden, nahm »Virus« in der internationalen medizinischen Fachsprache die Bedeutung »Krankheitserreger« an; erst später wurde es auf einen bestimmten Typus eingegrenzt. Als Bezeichnung für mit einer Krankheit einhergehende Absonderungen wie Schleim, Eiter, aber auch für Gift, beispielsweise von Schlangen, existierte es im Englischen und Französischen schon vorher. Neu, aber durchaus älter als gedacht, ist die Bedeutung »sich selbst verbreitendes Computerprogramm«. Sie lässt sich im Englischen schon seit den Siebzigerjahren nachweisen. Im Deutschen taucht dann Mitte der Achtzigerjahre zunächst die verdeutlichende Zusammensetzung »Computervirus« auf. Je größer die Vertrautheit mit den neuen digitalen Welten wurde, desto unnötiger wurde der Zusatz »Computer-«, und so dachten die meisten Deutschen bis 2020, wenn sie »Virus« und »Viren« hörten, eher an die Installation eines Schutzprogramms als daran, sich impfen zu lassen. Übrigens: Auch wenn heute so viel von »toxischer Männlichkeit« die Rede ist – das Virus und das Adjektiv »viril« haben gar nichts miteinander zu tun. Letzteres geht auf lateinisch *vir* für »Mann, Zeugungskraft« zurück und bezeichnet den Mann, der noch Mann im altmodischen Sinne ist.

WC

Englisch // Substantiv, Neutrum // Häufigkeit **

Toilettenraum; Toilette mit Wasserspülung

Es gibt kein deutsches Wort mehr für den Ort, an dem wir unsere Notdurft verrichten. Alle heute noch gebräuchlichen akzeptablen Wörter dafür sind entlehnt aus Sprachen anderer Länder, die uns in puncto Hygiene und Wasserbautechnik voraus waren. Deutsch sind nur noch die umgangssprachlichen juxenden und derben Wörter wie »Scheißhaus« oder »Donnerbalken«. Oder kennen Sie noch jemanden, der »Abtritt« oder »Abort« sagt? Der Prozess der Verfremdwortung des deutschen Toilettenwesens begann im 16. Jahrhundert, als man »Latrine« aus dem Lateinischen borgte, um den banalen Vorgang etwas verhüllend vornehmer zu bezeichnen. Eigentlich war die *latrina* bei den Römern, diesen Pionieren europäischer Sanitäranlagen, ein Waschraum – der Benennungsvorgang war also ähnlich vernebelnd wie beim englischen *restroom*, der ja auch nicht in erster Linie dem Ausruhen dient. Heute ist »Latrine« heruntergekommen zu einem Wort für halboffene Massenklos, wie man sie im Krieg baute. Für die Gerüchte, die man sich dort sitzend zuflüsterte, entstand 1914–18 der Ausdruck »Latrinenparole«. Einen Raum zum Waschen und Umkleiden bezeichnete das französische *cabinet de toilette*. In älterer Literatur liest man ja manchmal, jemand sei in »großer Toilette« erschienen – gemeint war, dass er oder sie sich ziemlich aufgebrezelt hatte. Das *cabinet de toilette* wird im 19. Jahrhundert im Deutschen zu »Toilette« verkürzt und nimmt dann kurz vor 1900 die heutige Bedeutung an. In Wörterbüchern steht es erst seit den Sechzigerjahren. Am flüssigsten hat sich ins Deutsche aber das englische *water-closet* integriert. Es gelangte um 1800 als *Watercloset* ins Deutsche, als die ersten Menschen hierzulande diese revolutionäre Errungenschaft englischer Ingenieurskunst bestaunten und übernahmen. Bald wird es als »Wasserklosett« eingedeutscht und zu »Klosett« verkürzt. In der ersten Hälfte des 20. Jahrhunderts taucht dann die einsilbige Kurzform »Klo« auf. Ernst Toller erinnert sich 1933 in seinen Memoiren *Eine Jugend in Deutschland*, als Kind gefragt zu haben: »Geht ein Kaiser auch aufs Klo?« Das Wort ist von Anfang an eher der alltags- und umgangssprachlichen Stilebene zuzurechnen. Auch Hans Fallada legt es gerne seinen Romanfiguren aus den unteren Schichten in den Mund. Vornehmere Menschen gewöhnen sich ungefähr zur gleichen Zeit an, vom »WC« zu sprechen, was natürlich nichts anderes als eine dezente Abkürzung für *water-closet* ist. Der Romanistikprofessor Victor Klemperer schreibt 1926 in seinem Tagebuch über eine Reise, die er mit seiner Frau Eva nach Südamerika unternahm: »Wenn das gran Hôtel nur einigermaßen europäische Küche u. flohfreie Betten und WC.'s besitzt, in denen es Röllchen gibt u. die Spülung halbwegs functioniert [...] – dann athmete man schon auf.« Heute sind »WC« und »Toilette« die beiden im gehoben-neutralen Sprachgebrauch üblichen Bezeichnungen – wobei Ersteres eher dem bürokratischen Stil angehört. Wenn ein echter Mensch sagt: »Ich muss mal aufs WC«, klingt das doch etwas verklemmt und übervornehm. Sprachlich ist das – um eine Redensart aufzugreifen, die man seit etwa zwanzig Jahren im Sinne von »scheitern« nutzt – »ein Griff ins Klo«.

Yak

Tibetisch // Substantiv, Neutrum // Häufigkeit *

zentralasiatische Hausrinderart

Der Name der aus dem Himalaya-Hochland stammenden Rinderrasse wird um 1800 zunächst ins Englische entlehnt. Im Tibetischen heißen übrigens nur die männlichen Rinder *yag*, die weiblichen Tiere nennt man *bri*. Mitte des 19. Jahrhunderts werden das Tier und sein Name dann im deutschsprachigen Raum bekannt. Im *Amtlichen Bericht über die Versammlung Deutscher Land- und Forstwirthe* heißt es 1857 über die neu eingeführte Tierart: »Der Yak (Grunzochse, Seidenhaarochse mit dem Pferdeschweif) war bereits im dritten Jahrhunderte bekannt. Man nannte ihn Poēphagos, welchen Namen Pallas wieder aufgenommen hat.« 1860 schreibt der Paris-Korrespondent der Zeitschrift *Unsere Tage: Blicke aus der Zeit in die Zeit*: »So war noch im Jahre 1854 der Yak oder Jack (Grunzochse, *Bos grunniens*) kaum bekannt, denn das zoologische Museum besaß bis dahin nur einen Schädel desselben, obgleich schon der alte Aelianus, dann der Reisende Marco Polo, Pallas u. A. vom Yak berichten.« Ein anderes Wort, das vom Tibetischen ins Deutsche übernommen wurde, ist »Lama«. Gemeint ist hier nicht das südamerikanische Spucktier, sondern ein Priester des tibetischen Buddhismus; der bekannteste von ihnen ist der Dalai Lama. Das tibetische Wort, bei dem das *b* nicht ausgesprochen wird, lautet *blama* und bedeutet »hoher Priester« oder »Leiter«. Die ersten deutschen Belege um 1700 verweisen noch auf mongolisch-tatarische Völker als Ausgangspunkt. Doch schon 1734 heißt es in den ursprünglich auf Italienisch verfassten *Moscowitischen Brieffen* des Russlandreisenden Francesco Locatelli Lanzi: »Die Niuchen, Mungalen, Tibetaner und Calmucken haben einen Obristen Geistlichen, den Sie den Dalai-Lama nennen, und gröstentheils als eine Gottheit betrachten.« Bereits 1787 wissen dann sogar deutsche und österreichische Kinder genauer Bescheid, denn der Salzburger Universitätsprofessor Raphael Kleinsorg schreibt in seinem für Schulen bestimmten *Abriß der Geographie* über Tibet: »Wenn der Dalai Lama von Alter oder Krankheit stirbt, so glauben die Tibeter, sein Geist verlasse bloß seine baufällige Wohnung , um sich nach einer neuen und bessern umzusehen.« Richtig bekannt werden die tibetischen religiösen Verhältnisse aber erst 1952 durch Heinrich Harrers Bestseller *Sieben Jahre in Tibet*, in dem der Österreicher über seine Flucht aus einem britischen Internierungslager in Indien im Zweiten Weltkrieg und seinen anschließenden Aufenthalt am Hof des Dalai Lama im zentralasiatischen Hochland berichtet.

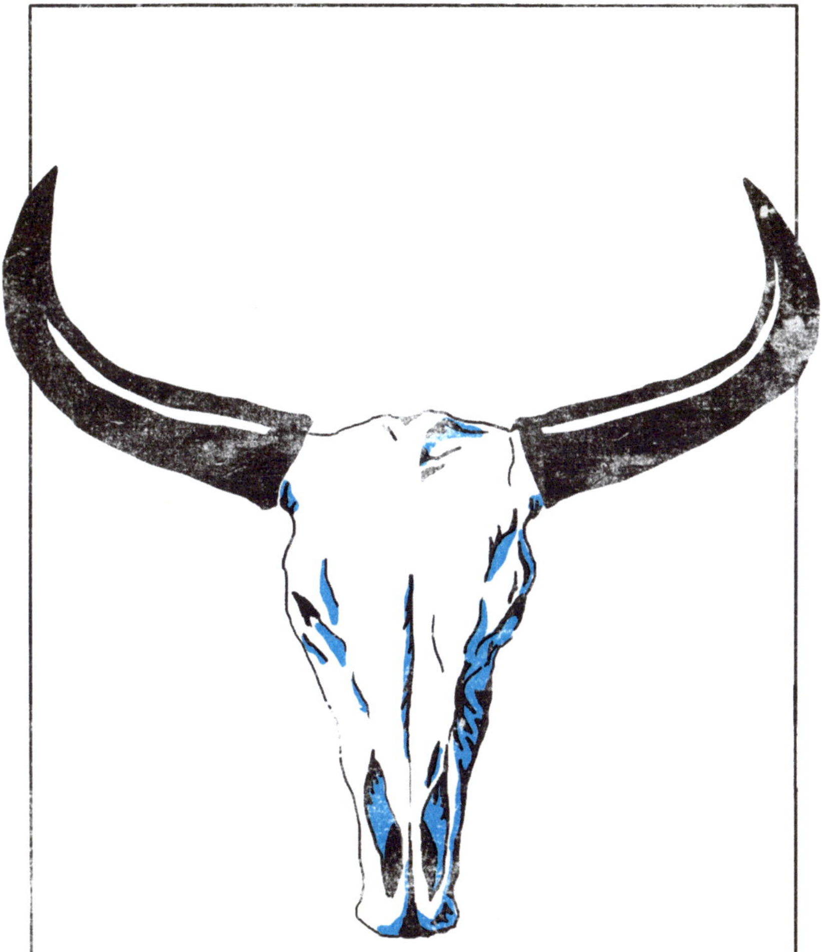

YAK

Zombie

Kikongo // Substantiv, maskulin // Häufigkeit **

Untoter, lebender Leichnam

Der 2017 gestorbene Regisseur George A. Romero hat mit seinem Film *Die Nacht der lebenden Toten* aus dem Jahr 1968 unsere heutigen Vorstellungen davon, was ein Zombie ist, geprägt. Vorher waren Zombies immer nur relativ harmlose Untote gewesen, die von haitianischen Voodoopriestern künstlich am Leben gehalten wurden – etwa im Horrorklassiker *I walked with a zombie* von Jacques Tourneur (1943) oder in der Donald-Duck-Geschichte von Carl Barks über Bombie den Zombie (1949). Das Wort *zombie* stammt aus dem haitianischen Kreol und ist dorthin sicher über Sklaven aus einer westafrikanischen Sprache gelangt. Hauptverdächtige ist die im Kongo und in angrenzenden Ländern von drei Millionen Menschen gesprochene Bantusprache Kikongo beziehungsweise die daraus entstandene zentralafrikanische Kreolsprache Kituba, in der *Nzambi* »Gott« bedeutet. *Nzo-nzambi* lautet das Wort für »Gotteshaus, Kirche«. 1962 nannte sich eine britische Rockband, die in den Sechzigern ein paar Hits hatte, The Zombies, aber vierzig Jahre später erklärten die Mitglieder in diversen Interviews, sie hätten eigentlich keine Ahnung gehabt, was es mit diesen wandelnden Toten genau auf sich gehabt habe, das Wort sei ihnen einfach cool vorgekommen. Erst Romeros legendärer Film etablierte es dauerhaft in der Popkultur, und seitdem denkt dabei jeder an menschenfleischfressende, halbverweste Untote, deren Biss andere ebenfalls zu Zombies macht. Allgemein fürchtet man sich vor der »Zombieapokalypse«, aber bis die wirklich eintritt, kann man sich schon mal Sorgen um »Zombiebanken« machen – so nennt man seit den späten Nullerjahren Banken, die nur noch künstlich, beispielsweise durch staatliche Garantien, am Leben erhalten werden.

Zucker

Arabisch // Substantiv, maskulin // Häufigkeit ***

süß schmeckendes Würzmittel, das aus Pflanzen gewonnen wird

Zucker ist in vielen Früchten, in Honig und anderen natürlichen Nahrungsmitteln enthalten, die bereits vor Urzeiten von den Germanen und ihren Vorfahren gesammelt und gegessen wurden. Aber das kristallisierte weiße Pulver, das aus Zuckerrohr (und später aus Zuckerrüben) gewonnen und zum Süßen verwendet wird, ist erst von den Arabern in den Mittelmeerraum und dann von den mit ihnen Handel treibenden Italienern nach Europa gebracht worden. Unser Wort »Zucker« ist möglicherweise unter Umgehung des italienischen *zucchero* direkt aus dem sizilianischen *zuccaru* oder dem mittellateinischen *zucara* entstanden. Dieser Begriff geht auf das arabische Wort *sukkar* zurück. Sizilien, das lange unter arabischer Herrschaft stand, war neben Ägypten und Südspanien eines der Hauptanbaugebiete für Zuckerrohr im Mittelmeerraum. Die Araber hatten die Kunst des Zuckerrohranbaus und der Eindickung des Marks dieser Pflanze von den Persern übernommen und die Perser wiederum von den Indern. Nach Südindien war die Pflanze über Umwege aus Neuguinea gelangt, wo wohl ihre Urheimat liegt. Jedenfalls gab es sie dort schon um 8000 v. Chr. Die Nordinder, die um 300 n. Chr. lernten, Zucker durch Verkochen des Saftes der Zuckerrohrpflanze herzustellen, nannten die so gewonnenen Brocken und Körnchen *sarkara*, was ursprünglich »Geröll, Kies« bedeutete. Zucker galt in der indischen, persischen und arabischen Kultur als Medizin, die genesenden Kranken wieder zu Kräften verhelfen und die Libido steigern sollte. Auch der Zucker, den beispielsweise venezianische Händler nach Norden über die Alpen lieferten, wurde zunächst ausschließlich von Apothekern für ihre Rezepturen verwendet. Im Kalifenreich der Umayyaden jedoch muss man mindestens seit dem 8. Jahrhundert den süßen Zucker um des reinen

ZUCKER

Genusses willen in Getränke gemischt oder als Grundlage von Süßspeisen benutzt haben. Im Hochmittelalter wird diese Verwendung als Luxusgut dann auch an den Höfen Europas üblich. Die ältesten Belege in Werken Wolframs von Eschenbach (gestorben um 1220) zeigen das Wort schon als in der Oberschicht (für die der Sänger dichtete) allgemein bekannt. In der um 1300 zusammengestellten Manessischen Handschrift mit Minneliedern taucht bereits die kosende Anrede »*mîn zukkerkrûkkîn*« auf. Zum Massengenussmittel wird Zucker aber erst ab dem 18. Jahrhundert – zunächst in England durch die Zuckerimporte aus der Karibik und dann in Deutschland, wo es im 19. Jahrhundert gelingt, Zucker aus Zuckerrüben industriell herzustellen.

Literatur (Auswahl)

Althaus, Hans Peter: *Kleines Lexikon deutscher Wörter jiddischer Herkunft*, 3. Aufl., München 2010

ANNO – Austrian Newspapers Online (http://anno.onb.ac.at/index.htm, zuletzt abgerufen am 27.03.2020)

Basler, Otto, et al. (Hrsg.): *Deutsches Fremdwörterbuch*, Straßburg, Berlin 1913–1988 (https://www.owid.de/wb/dfwb/uebersicht.html, zuletzt abgerufen am 30.03.2020), sowie 2. Aufl., völlig neu erarbeitet im Institut für Deutsche Sprache, Berlin, New York 1990 ff.

Carstensen, Broder; Busse, Ulrich: *Anglizismen-Wörterbuch: der Einfluss des Englischen auf den deutschen Wortschatz nach 1945*, 3 Bde., Berlin, New York 1993

Cresswell, Julia: *Little Oxford Dictionary of Word Origins*, Oxford 2014

Duden. Herkunftswörterbuch der deutschen Sprache, 5. Aufl., Berlin, Mannheim, Zürich 2014

DWB – Deutsches Wörterbuch von Jacob Grimm und Wilhelm Grimm, Erstbearbeitung (1854–1960), digitalisierte Version im *Digitalen Wörterbuch der deutschen Sprache* (https://www.dwds.de/d/wb-1dwb, zuletzt abgerufen am 27.03.2020)

DWDS – Digitales Wörterbuch der deutschen Sprache. Das Wortauskunftssystem zur deutschen Sprache in Geschichte und Gegenwart, hrsg. v. d. Berlin-Brandenburgischen Akademie der Wissenschaften (https://www.dwds.de, zuletzt abgerufen am 27.03.2020)

Google Books Ngram Viewer (https://books.google.com/ngrams, zuletzt abgerufen am 22.03.2020)

Harder, Franz: *Werden und Wandern unserer Wörter*, 5. Aufl., Berlin 1925

Kluge, Friedrich: *Etymologisches Wörterbuch der deutschen Sprache*, 5. Aufl., Straßburg 1894, sowie 25. Aufl., bearb. v. Elmar Seebold, Berlin, Boston 2011

Lexer, Matthias: *Mittelhochdeutsches Handwörterbuch*, 3 Bde., Leipzig 1872–1878 (www.woerterbuchnetz.de/Lexer, zuletzt abgerufen am 22.03.2020)

Lokotsch, Karl: *Etymologisches Wörterbuch der amerikanischen (indianischen) Wörter im Deutschen*, Heidelberg 1926

Oxford English Dictionary: OED Online, March 2020, Oxford University Press (www.oed.com, zuletzt abgerufen am 22.03.2020)

Palmer, Philip Motley: *Neuweltwörter im Deutschen*, Heidelberg 1939

Paul, Hermann: *Deutsches Wörterbuch. Bedeutungsgeschichte und Aufbau unseres Wortschatzes*, 10., überarb. und erw. Aufl. v.

Helmut Henne, Heidrun Kämper und Georg Objartel, Tübingen 2002
Pfeifer, Wolfgang, et al.: *Etymologisches Wörterbuch des Deutschen (1993)*, digitalisierte und von Wolfgang Pfeifer überarbeitete Version im *Digitalen Wörterbuch der deutschen Sprache* (https://www.dwds.de/wb/wb-etymwb, zuletzt abgerufen am 27.03.2020)
Reichmann, Oskar, et al. (Hrsg.): *Frühneuhochdeutsches Wörterbuch*, Berlin, New York 1986 ff. (https://fwb-online.de, zuletzt abgerufen am 22.03.2020)
Rey, Alain (Hrsg.): *Dictionnaire historique de la langue française*, 3. Aufl., Paris 2000
Schildt, Joachim; Schmidt, Hartmut: *Berlinisch. Geschichtliche Einführung in die Sprache einer Stadt*, Berlin 1986
Unger, Andreas: *Von Algebra bis Zucker. Arabische Wörter im Deutschen*, 2. Aufl., Stuttgart 2013

Register

A–Z der Ursprungssprachen

FSC
www.fsc.org
MIX
Papier aus verantwortungsvollen Quellen
FSC® C083411

Erste Auflage 2020

Illustrationen: Helen Hermens
Gestaltung: Birgit Haermeyer
Lektorat: Kerstin Thorwarth
Druck und Bindung: CPI books GmbH, Leck
Printed in Germany

ISBN 978-3-8321-9978-4
www.dumont-buchverlag.de